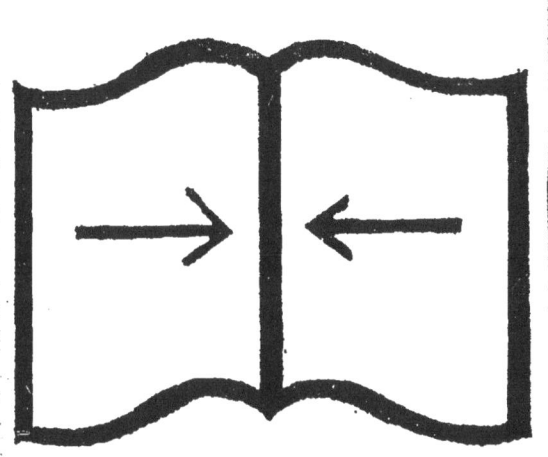

RELIURE SERREE
Absence de marges
intérieures

VALABLE POUR TOUT OU PARTIE
DU DOCUMENT REPRODUIT

LE PRINCE NEKHLIOUDOV

DU MÊME AUTEUR :

Katia, traduction du comte d'Hauterive. 10ᵉ édition, 1 vol. in-18. Prix.. 3 »

A la recherche du Bonheur, traduit avec l'autorisation de l'auteur et précédé d'une préface par E. Halpérine-Kaminsky. 8ᵉ édition. 1 vol. in-18. Prix................ 3 »

La Mort, traduit avec l'autorisation de l'auteur et précédé d'une préface par E. Halpérine-Kaminsky. 6ᵉ édition. 1 vol. in-18. Prix.. 3 »

Deux Générations, traduit avec l'autorisation de l'auteur par E. Halpérine-Kaminsky. 3ᵉ édition. 1 vol in-18. Prix.... 3 »

Mes Mémoires. Enfance. — Adolescence. — Jeunesse, traduit avec l'autorisation de l'auteur par E. Halpérine-Kaminsky. 2ᵉ édition. 1 vol. in-18. Prix................................ 3 »

Polikouchka. Traduit avec l'autorisation de l'auteur par E. Halpérine-Kaminsky. 4ᵉ édition. 1 vol. in-18. Prix.......... 3 »

La Puissance des Ténèbres. Drame en cinq actes, traduit avec l'autorisation de l'auteur par E. Halpérine-Kaminsky. 2ᵉ édition. 1 vol. in-18. Prix................ 3 »

Ivan l'Imbécile, traduit avec l'autorisation de l'auteur par E. Halpérine-Kaminsky. 2ᵉ édition. Prix.................... 3 »

Au Caucase, scènes de la vie militaire, traduit avec l'autorisation de l'auteur par E. Halpérine-Kaminsky. 2ᵉ édition. 1 vol. in-18. Prix.................................... 3 »

COMTE LÉON TOLSTOÏ

LE PRINCE NEKHLIOUDOV

TRADUIT
AVEC L'AUTORISATION DE L'AUTEUR

PAR

E. HALPÉRINE-KAMINSKY

PARIS
LIBRAIRIE ACADÉMIQUE DIDIER
PERRIN ET Cie, LIBRAIRES-ÉDITEURS
35, QUAI DES GRANDS-AUGUSTINS, 35
1889
Tous droits réservés

LE PRINCE
NEKHLIOUDOV

PREMIÈRE PARTIE

PROJETS

I

Le prince Nekhlioudov avait dix-neuf ans quand il acheva sa troisième année à l'Université. Aux vacances d'été il alla dans ses terres, où il demeura jusqu'à l'automne. A cette époque, il écrivit à sa tante, la comtesse Beloretskaïa, qu'il considérait à la fois comme sa meilleure amie et la femme la plus remarquable du monde, la lettre suivante :

« Chère tante,

« J'ai pris une décision de laquelle doit dépendre ma destinée tout entière. J'abandonne l'Université et vais me consacrer à la vie rustique, pour laquelle je sens que je suis né. Pour Dieu, ma chère tante, n'allez pas vous moquer de moi! Vous direz que je suis jeune. Peut-être, en effet, suis-je encore un enfant, mais cela ne m'empêche pas d'avoir conscience du penchant que j'ai à aimer le bien et à désirer le faire.

« Comme je vous l'ai déjà écrit, j'ai trouvé ma propriété dans le plus grand désordre. A force de chercher un remède à cette situation, j'ai acquis la certitude que le mal vient de la misère des moujiks : ce mal ne peut disparaître que par un long et patient travail. Si vous pouviez seulement voir deux de mes moujiks, David et Ivan, l'esprit de famille dont ils sont animés! je suis certain que leur aspect vous convaincrait plus que tout ce que je pourrais vous dire. N'est-ce donc pas un devoir, un devoir sacré, que de m'occuper du bonheur de sept cents âmes dont j'aurai un jour à rendre compte devant Dieu? Ne serait-ce pas pécher que de les abandonner plus longtemps à l'arbitraire de grossiers starostes et gérants! Pourquoi chercher dans une autre sphère l'occasion d'être utile et de faire le bien quand j'ai devant moi une tâche aussi noble, une mission aussi glorieuse! Je me sens capable d'être un bon maître, et pour l'être comme je le conçois, il n'est point besoin des diplômes et des grades que vous désirez tant me voir acquérir.

« Chère tante, renoncez aux projets ambitieux que vous aviez formés pour moi. Habituez-vous à l'idée que j'ai choisi ma voie, la bonne, celle qui, je le sens, me conduira au bonheur. Auparavant, j'ai beaucoup songé au devoir que je m'impose aujourd'hui. Je me suis fait une règle de conduite, et si Dieu me donne vie et force, je réussirai dans mon entreprise.

« Ne montrez pas cette lettre à mon frère Vassia [1], car je redoute ses railleries. Il est habitué à me dominer et je crains son influence. Quant à Vania [2], s'il n'approuve pas mes intentions, du moins il les comprendra. »

La comtesse répondit par la lettre suivante :

« Ta lettre, mon cher Dmitri, ne m'a rien prouvé, sinon que tu as un cœur excellent;

1. Diminutif de Vassili.
2. Diminutif d'Ivan.

ce dont je n'ai, d'ailleurs, jamais douté. Mais dans la vie, mon cher ami, nos qualités nous nuisent plus que nos défauts. Je ne te dirai pas que tu commets une sottise et que ta conduite me chagrine : j'essaierai seulement d'agir sur toi par le raisonnement. Donc, raisonnons, mon ami : Tu me dis que tu te sens du penchant pour la vie rustique, que tu veux faire le bonheur de tes paysans et que tu espères devenir un bon maître. *Primo*, je dois te dire que nous n'avons conscience de nos penchants que lorsqu'ils nous ont déjà trompés; *secundo*, qu'il est plus facile de faire son propre bonheur que de faire celui des autres, et, *tertio*, que pour être un bon maître, il faut être un homme froid et sévère, et je doute que tu le deviennes jamais, quoi que tu fasses pour cela.

« Tu considères tes arguments comme

irréfutables et tu vas jusqu'à les convertir en maximes. Mais, à mon âge, mon ami, on ne se fie ni aux raisonnements ni aux maximes; on ne croit qu'à l'expérience. Or, l'expérience me dit que tes projets ne sont qu'enfantillages. J'approche de la cinquantaine, j'ai connu beaucoup d'hommes respectables à tous égards, mais je n'ai jamais entendu dire qu'un jeune homme bien né et plein d'avenir se fût enterré dans un village sous le prétexte d'y faire du bien. Tu as toujours voulu passer pour un original : ton originalité n'est autre chose qu'un amour-propre excessif. Eh! mon ami, suis donc la voie déjà frayée; elle conduit plutôt au succès, qui, s'il ne te semble pas nécessaire en lui-même, n'en est pas moins indispensable pour le bien que tu veux faire.

« La misère des paysans est un mal inévitable, en tous cas un mal qu'on peut soulager sans oublier ses devoirs envers la société, envers les siens, envers soi-même. Avec ton intelligence, ton cœur, ton amour de la vertu, il n'est pas de carrière dans laquelle tu ne puisses espérer le succès. Mais au moins choisis-la digne de toi et susceptible de te faire honneur.

« Je crois à ta sincérité quand tu te dis exempt d'ambition, mais tu te trompes toi-même. A ton âge et avec tes moyens, l'ambition est une vertu; elle ne devient une passion vulgaire que quand l'homme n'a plus la possibilité de la satisfaire. Tu t'en apercevras, si tu persistes dans ton projet.

« Adieu mon cher Mitia [1]. Il me semble que je t'aime encore davantage à cause de tes projets extravagants, mais nobles et généreux. Agis comme tu l'entendras, mais

1. Diminutif de Dmitri.

je t'avoue ne pouvoir être d'accord avec toi. »

Après avoir lu cette réponse, le jeune homme réfléchit longuement et décida enfin qu'il peut arriver à une femme de génie de se tromper. Il envoya sa démission à l'Université et se fixa définitivement dans son domaine.

II

Comme il l'avait écrit à sa tante, le jeune pomestchik [1] s'était tracé une règle de conduite pour la gestion de sa propriété. Toute son existence, toutes ses occupations étaient réglées par mois, par jours et par heures. Le dimanche était consacré à recevoir les solliciteurs et les moujiks, à inspecter la propriété, à visiter les paysans, auxquels il portait des secours, avec l'assentiment et sur les indications du mir [2], qui se réunissait chaque dimanche soir afin de statuer sur l'urgence et la nature des secours à distribuer. Plus d'une année s'écoula, à la fin

1. Seigneur rural.
2. Réunion des chefs de famille d'un même village.

de laquelle le jeune homme n'était plus un novice dans l'administration théorique et pratique de son bien.

Un beau dimanche de juin, Nekhlioudov, après avoir bu le café et lu un chapitre de la *Maison rustique*, mit un carnet et une liasse de billets de banque dans la poche de son paletot d'été et sortit de la grande maison de campagne à colonnades surmontées de terrasses, dont il n'occupait qu'une seule petite chambre au rez-de-chaussée. Il allait, par les sentiers herbus d'un vieux jardin anglais, dans la direction du village qui s'étendait des deux côtés de la grande route.

Nekhlioudov était grand, élancé; il avait d'épais cheveux châtains, longs et frisés; ses yeux brillaient, ses joues étaient fraîches et, autour de ses lèvres rouges, le premier duvet de la jeunesse apparaissait à peine. Sa démarche et son attitude portaient l'empreinte de la force et de la souplesse, avec un certain laisser-aller où se trahissait la bienveillante béatitude de son âge. Une foule bigarrée sortait de l'église : des vieillards, des jeunes filles, des enfants, des femmes, leur nourrisson dans les bras; tous étaient vêtus de leurs habits de fête et se dirigeaient vers les izbas [1] en saluant très bas leur barine au passage. Nekhlioudov s'engagea dans l'unique rue du village, s'arrêta, tira son carnet de sa poche et, sur le dernier feuillet couvert d'une écriture enfantine, lut plusieurs noms de paysans en regard desquels se trouvaient des signes conventionnels. Le premier nom était celui d'Ivan Tchouricenok; il demandait des étais pour soutenir les murs de son izba. Le barine se dirigea vers la porte charretière de la seconde chaumière à droite.

La demeure de Tchouricenok était dans un

1. Chaumières.

piètre état. La charpente de bois, à demi-pourrie, était toute penchée d'un côté et s'enfonçait dans la terre, à tel point qu'une petite fenêtre à coulisse, toute brisée, se trouvait au niveau du fumier. L'autre fenêtre était bouchée avec des chiffons de coton. On pénétrait dans la pièce d'entrée par une porte basse dont le seuil de bois était totalement pourri. La porte charretière, en forme de cage tressée, était accotée au mur du principal bâtiment de l'izba. Le tout était recouvert d'un seul toit inégal et défoncé. Seuls, les auvents restaient garnis d'une paille noire en pleine putréfaction. Partout ailleurs, la charpente était à découvert. Au milieu de la cour était le puits, les poutres et la roue brisées. A côté, dans une flaque d'eau creusée par le piétinement du bétail, des canards barbotaient.

Deux vieux cytises, fendus et desséchés,

étendaient leurs branches rares, à peine recouvertes d'un feuillage pâle, au-dessus du puits. Au pied de l'un de ces arbres, qui témoignaient que quelqu'un s'était jadis soucié d'embellir cet endroit, une petite blondine d'une huitaine d'années se tenait en ce moment assise; une autre fillette, de deux ans tout au plus, essayait de grimper sur elle. Un jeune chien de basse-cour qui jouait avec les enfants, ayant aperçu le barine, courut à la porte charretière, et, d'effroi, se mit à aboyer de toutes ses forces.

— Ivan est-il à la maison? demanda Nekhlioudov.

L'aînée des deux petites filles demeurait comme clouée à sa place, ouvrant de grands yeux sans répondre. La plus petite ouvrait, elle, la bouche en grimaçant et toute prête à pleurer. Une petite vieille, vêtue d'une jupe à carreaux, déchirée, la taille entourée d'une large ceinture rougeâtre, regardait par la porte entrebâillée et ne soufflait mot.

Nekhlioudov s'approcha du vestibule et répéta sa question.

— Il est à la maison, barine, répondit enfin la petite vieille d'une voix tremblante, en saluant très bas et comme terrassée par l'émotion.

Nekhlioudov la remercia d'un salut, et traversa le vestibule pour gagner une cour étroite. La vieille appuya sa joue sur la paume de sa main droite, s'approcha de la porte et, sans quitter des yeux le barine, se mit à balancer doucement la tête.

Dans la cour, Tchouricenok abattait à coups de hache la haie que le toit écrasait.

C'était un moujik d'une cinquantaine d'années; sa taille dépassait la moyenne, son visage allongé, aux traits expressifs et agréables, était hâlé par le soleil. Il avait la barbe châtain, çà et là semée de quelques poils blancs, et d'épais cheveux de même nuance. Ses yeux demi-clos, d'un bleu sombre, regardaient avec intelligence et décelaient une insouciance bonasse. Sa bouche, d'un dessin régulier sous les moustaches blondes peu abondantes, exprimait nettement, quand elle souriait, une tranquille confiance en soi, une sorte d'indifférence railleuse pour tout ce qui l'entourait. Sa peau rugueuse, son front sillonné de rides profondes, son cou, son visage et ses mains striées de grosses veines en relief, son dos voûté, ses jambes arquées, disaient toute une vie de travail excessif, accablant.

Il était vêtu d'un pantalon de toile bise, rapiécé aux genoux avec des morceaux de toile bleue, et d'une chemise grise et sale, déchirée au dos et aux coudes. La chemise était serrée à la taille par un cordon auquel était suspendue une petite clef de cuivre.

— Que Dieu vous aide ! dit le barine en entrant dans la cour.

Tchouricenok se retourna, puis se remit à sa besogne. D'un effort énergique, il réussit à dégager la haie de dessous l'auvent. Il planta alors sa hache dans une poutre et s'avança vers Nekhlioudov en rajustant sa ceinture.

— Je vous souhaite une bonne fête, Votre Excellence, dit-il, en saluant jusqu'à terre et en secouant ses cheveux.

— Merci, mon cher. Je suis venu voir comment marchent tes affaires, fit Nekhlioudov d'un ton d'amitié juvénile et timide à la fois en examinant les vêtements du moujik. — Dis-moi, à quoi te serviront les étais que tu m'as demandés à la Skhodka [1] ?

---

1. Réunion des chefs de famille en plein air.

— Des étais? Mais on sait bien à quoi cela sert, mon petit père, Votre Excellence. Je voudrais étayer un peu ma maison. Voyez donc ce pan de mur qui s'est affaissé. Heureusement, Dieu a préservé mon bétail, absent à ce moment-là. A peine si tout cela tient, ajouta Tchouricenok avec mépris en désignant le hangar chancelant, à demi-ruiné.

— Pourquoi donc as-tu demandé cinq étais, puisque ce hangar est ruiné, et que les autres vont le suivre? Ce ne sont pas des étais qu'il te faut, mais des poutres et des charpentes, dit le barine assez satisfait de pouvoir étaler sa compétence en ces sortes de choses.

Tchouricenok ne répondit pas.

— Par conséquent, c'est du bois qu'il te faut, non des étais. Il fallait donc le dire.

— Certes, j'ai besoin de bois. Mais où

prendre tout ce qu'il m'en faut? On ne peut toujours s'adresser au barine. Si on nous laissait, nous autres, vous demander tout ce dont nous avons besoin, quels paysans serions-nous donc?... Mais si votre bienveillance me permettait de prendre les pièces de chêne qui sont sans emploi dans l'aire, ajouta Tchouricenok en saluant et en piétinant sur place avec un balancement de tout le corps, — peut-être, alors, qu'en changeant une poutre, et réparant une autre, je réussirais à raccommoder cette vieille charpente.

— Comment cela! Mais tu me dis toi-même que tout est pourri. Aujourd'hui, un côté s'est affaissé, demain ce sera un autre, après-demain un troisième; donc, s'il y a quelque chose à faire, il faut refaire du neuf, afin de n'avoir pas toujours à recommencer. Dis-moi, qu'en penses-tu? Tes hangars pourront-ils passer ainsi l'hiver sans s'écrouler?

— Eh! qui le sait!

— Non.... Dis-moi ce que tu en penses. S'écrouleront-ils, oui ou non?

Tchouricenok réfléchit un instant.

— Tout s'écroulera, dit-il tout à coup.

— Eh bien, tu vois... Il fallait le dire à la Skhodka et ne pas demander des étais seulement. Tu sais bien que je suis aise de te venir en aide.

— Nous sommes très contents de votre bienveillance, répondit Tchouricenok avec méfiance et sans oser regarder le barine. — Pour moi, quatre poutres et quelques étais suffiraient. Ensuite, je m'arrangerais. Si vous aviez quelques pièces de bois dont vous n'avez point besoin, je les emploierais à étayer mon izba.

— Comment! ton izba est aussi en mauvais état!

— Mais nous nous attendons, avec ma

baba, à ce que, d'un jour à l'autre, elle écrase quelqu'un, répondit Tchouricenok avec indifférence. Hier encore, une solive tombée du plafond a presque assommé ma baba [1].

— Comment, assommé !

— Mais oui, Votre Excellence. Ma baba l'a reçue dans le dos et elle est restée sans connaissance, jusqu'à la nuit.

— Eh bien !... Est-ce passé ?

— Pour passé, c'est passé. Mais elle est toujours malade. Il est vrai qu'elle est maladive depuis son enfance.

— Est-ce que tu es malade? demanda Nekhlioudov à la baba, qui était restée sur le seuil et avait commencé à geindre dès que son mari avait parlé d'elle.

— Je sens toujours ici quelque chose qui

1. Femme.

m'oppresse, répondit-elle en montrant sa poitrine maigre et sale.

— Encore! fit avec dépit le jeune homme. Et, haussant les épaules, il reprit :

— Pourquoi n'es-tu pas allée à l'hôpital!... C'est pour cela que l'hôpital est fait. Ne vous l'a-t-on jamais dit ?

— Mais oui, notre nourricier, on nous l'a bien dit, mais nous n'avons jamais le temps. Il faut bien que nous fassions notre corvée. Puis il faut aussi travailler pour nous... Et puis les enfants... Je suis seule pour tout cela.

III

Nekhlioudov entra dans l'izba, dont les murs rugueux et enfumés se dressaient sans symétrie. Dans un coin obscur, des vêtements et des loques étaient entassés pêle-mêle. On distinguait, autour des icônes et sous les bancs, des fourmillements de cafards. Enfin cette petite izba noire et puante, au plafond affaissé, mal soutenu par deux étais posés sous les solives les plus endommagées, semblait à chaque instant prête à s'écrouler.

— Oui, ton izba est malade, murmura le barine en fixant Tchouricenok, qui ne semblait point disposé à parler de ces choses.

— Elle nous écrasera, nous et nos enfants, fit la baba d'une voix pleurarde.

— Tais-toi, dit sévèrement Tchouricenok avec un fin sourire imperceptible.

Il poursuivit, s'adressant au barine :

— Je ne sais que faire de cette izba, Votre Excellence. Je l'ai étayée comme j'ai pu. J'ai essayé aussi de la réparer autrement. Rien n'y a fait.

— Comment passerons-nous l'hiver ici ! Oh ! oh ! oh ! gémit la baba.

— Si l'on changeait les solives et qu'on ajoutât quelques étais, reprit le mari du ton tranquille d'un homme entendu, — peut-être pourrait-on encore y passer l'hiver... Oui, on peut encore y vivre, mais il faut tout étayer. Voilà l'affaire. Quant à réparer l'izba plus à fond, il faudrait pour cela ne pas y laisser un seul morceau de bois. Elle reste debout parce qu'on n'y touche pas conclut-il, très satisfait de ses explications.

Nekhlioudov était douloureusement impressionné. Pourquoi Tchouricenok en était-il arrivé là sans s'adresser à lui, à lui, qui, depuis son installation, n'avait jamais rien refusé à ses moujiks et s'était sans cesse préoccupé qu'on s'adressât à lui en cas de besoin ? Il ressentait même une certaine colère contre le moujik. Il haussait les épaules avec impatience, il fronçait les sourcils ; mais l'aspect misérable des choses et le visage paisible et content de Tchouricenok changèrent son dépit en une profonde tristesse.

— Voyons, Ivan, pourquoi ne m'as-tu pas dit cela plus tôt, fit-il d'un ton de reproche. Il s'assit sur le banc sale et boiteux.

— Je n'ai pas osé, Votre Excellence, répondit Tchouricenok avec son même sourire imperceptible, en frappant alternativement de ses pieds nus, noirs de crasse, la terre battue.

Mais il disait cela d'un ton si tranquille et d'un air si hardi qu'on avait peine à croire qu'il n'eût point osé s'adresser au barine.

— C'est notre sort de moujiks... Nous n'osons jamais, commençait la baba en sanglotant.

— Veux-tu te taire ! lui dit de nouveau Tchouricenok.

— Enfin, tu ne peux vivre dans une pareille izba, dit Nekhlioudov après un assez long silence. Voici ce que nous allons faire, frère...

— J'écoute, fit Tchouricenok.

— As-tu vu les izbas de pierre que j'ai construites dans le nouveau village et dont les murs sont vides ?

— Comment donc ? Certainement, je les

ai vues, répondit Tchouricenok avec un sourire qui découvrit ses dents blanches. Nous avons même été très étonnés quand nous les avons vu construire... Les étranges izbas ! Les enfants se demandaient en riant si ce n'étaient point des magasins à blé... Oui, on met le blé dans des murs de pierre pour le préserver des rats. Ce sont des bonnes izbas, poursuivit le moujik avec une expression d'étonnement moqueur qui lui faisait hocher la tête; — on dirait des prisons.

— Oui, ce sont d'excellentes izbas. Elles sont sèches et chaudes et résistent mieux à l'incendie, répliqua le jeune barine, visiblement mécontent du ton railleur qu'avait pris le moujik.

— Je ne le conteste pas, Votre Excellence. Ce sont d'excellentes izbas.

— Eh bien ! une de ces izbas est déjà terminée. Elle a dix archines de superficie, en

y comprenant l'entrée et les dépendances
Je consentirais à te la vendre au prix coûtant,
au moyen de payements espacés. Tu me
rendras un jour l'argent, ajouta le barine,
qui eut un sourire de contentement à la
pensée qu'il accomplissait un acte de bienfaisance.

Il reprit :

— Tu abattras la vieille izba. Elle te
servira pour construire un hangar. Nous
transporterons ailleurs tous les autres bâtiments. Il y a là de l'eau excellente; je te
donnerai un morceau de terre pour le potager et pour le blé. Tu vivras très bien
ainsi. Eh bien, cela te plaît-il ? demanda
Nekhlioudov remarquant que, depuis qu'il
avait parlé de déménagement, Tchouricenok
ne se dandinait plus, ne souriait plus et tenait obstinément son regard fixé sur le sol.

— C'est la volonté de Votre Excellence, répondit-il sans lever les yeux.

La vieille femme s'avançait pour dire son mot; son mari la prévint.

— C'est la volonté de Votre Excellence, répéta-t-il d'un ton ferme, mais soumis, en regardant cette fois le barine et en secouant ses cheveux. Mais nous ne pourrons pas y habiter.

— Pourquoi ?

— Non, Votre Excellence. Si vous nous y envoyez, puisqu'ici nous vivons déjà très mal, là nous ne serons plus du tout des moujiks. Comment pourrions-nous être des moujiks ?... Ce sera comme vous voudrez, mais nous ne pourrons pas y vivre.

— Mais pourquoi?

— Ce sera notre ruine complète, Votre Excellence.

— Mais pourquoi n'y peut-on vivre ?

— Quelle vie pourrais-je donc y mener?...
Juge toi-même : c'est un endroit inhabité,
où l'eau est inconnue. Il n'y a pas de pâturage. Ici, les chenevières sont travaillées,
labourées, fumées ; là-bas, quoi ? Qu'est-ce
qu'il y a ? Rien, la terre nue. Pas de haies,
pas de hangars pour sécher les gerbes, rien.
Nous nous ruinerons, Excellence, si tu nous
envoies là.

Il ajouta en hochant négativement la
tête :

— C'est un endroit inconnu, tout neuf...

Nekhlioudov essayait de démontrer au
moujik que ce changement lui était au contraire très avantageux, que l'on planterait
des haies, que l'on construirait des hangars, que l'eau était bonne, etc., etc., mais
le silence de Tchouricenok l'embarrassait et,
malgré lui, il sentait qu'il ne disait pas ce
qu'il fallait pour le convaincre. Quand le

barine eut fini, le moujik eut un léger sourire et déclara que le mieux serait de loger les vieux *dvorovis* [1] dans les izbas neuves. On pourrait aussi y mettre Alliocha, l'idiot, pour garder le blé.

— Voilà qui serait bien, conclut-il, en souriant de nouveau. Pour nous, ce n'est pas une bonne affaire, Votre Excellence.

— Mais en quoi cela importe-t-il que cet endroit soit inhabité ? insistait Nekhlioudov avec patience. Ici, même, n'était-ce pas également désert, jadis ? Cependant, les gens y vivent aujourd'hui... Tu n'as qu'à t'installer là-bas, toi aussi, et tout ira bien. Va donc et suis mon conseil.

— Eh ! petit père, Votre Excellence, comment établir une comparaison ? répondit vivement Tchouricenok effrayé à l'idée que

1. Serfs attachés particulièrement au service du seigneur.

la résolution du barine pouvait être définitive. Ici, grâce aux autres moujiks, c'est un endroit animé, depuis longtemps établi. Nous avons une route, nous avons un étang où la baba peut laver le linge et où les bêtes vont boire; tout ce qui est nécessaire au moujik se trouve ici, et depuis très longtemps. L'aire pour battre le blé, les potagers que nos parents ont cultivés, les aurons-nous là-bas?... Nos grands-pères, nos pères ont rendu ici leur âme à Dieu. J'y voudrais aussi finir mon siècle ; c'est tout ce que je demande à Votre Excellence. Si votre bienveillance m'aide à réparer mon izba, nos désirs seront satisfaits, Votre Excellence; sinon, nous achèverons tout de même notre siècle dans cette ruine. Nous prierons Dieu pour toi toute notre vie, ajouta-t-il en s'inclinant très bas, — mais ne nous chasse pas de notre nid, mon petit père!...

Pendant que Tchouricenok parlait, on entendait du coin où sa femme s'était blottie, des sanglots de plus en plus bruyants. Lorsqu'il dit : « Mon petit père », elle s'avança, et toute en larmes se jeta aux pieds du barine.

— Ne nous perds pas, notre nourricier !... Tu es notre père et notre mère... Où irions-nous ?... Nous sommes des gens âgés et nous sommes seuls... Tu es comme Dieu pour nous, sanglota-t-elle.

Nekhlioudov quitta vivement son banc et voulut relever la vieille femme. Mais elle, avec une sorte d'ivresse désespérée, frappait la terre de son front et repoussait les mains du barine.

— Mais qu'as-tu donc? fit celui-ci. — Relève-toi, je t'en prie... Si vous ne voulez pas, je ne vous forcerai pas, ajouta-t-il, en agitant les mains et en s'éloignant de quelques pas.

Lorsque Nekhlioudov se fut rassis sur le banc, un silence se fit dans l'izba, silence entrecoupé par les exclamations gémissantes de la baba, qui, retirée dans son coin, essuyait ses larmes avec les manches de sa chemise. Le jeune homme comprit alors ce qu'était pour Tchouricenok et sa femme leur petite izba en ruines, leur puits délabré et ces deux cytises fendus par l'âge qu'on apercevait de la petite fenêtre, leur mare boueuse, leur hangar pourri, et il se sentit envahi par un pénible sentiment de tristesse et de honte.

Il dit au moujik :

— Mais pourquoi donc, Ivan, ne m'as-tu pas dit, devant le mir, dimanche dernier, que tu avais besoin d'une izba? Je ne sais, à présent, comment m'y prendre pour t'aider. Je vous ai pourtant bien dit, à la première Skhodka, que je suis venu m'installer au milieu de vous pour vous consacrer toute mon existence, prêt à tout perdre pour que vous soyez heureux. Et je vous jure devant Dieu que je tiendrai ma promesse, déclara le jeune pomestchik, ignorant que ces sortes de confessions sont incapables d'éveiller la confiance d'aucun homme, surtout du paysan russe, qui n'aime pas les paroles, mais les actes, et fuit toute expansion de sentiments, si beaux soient-ils! Mais le candide jeune homme était si heureux de ressentir de tels sentiments qu'il lui était impossible de les cacher.

Tchouricenok, la tête penchée, clignotait lentement des yeux, écoutant avec une attention contrainte son barine, car celui-ci était un personnage qu'il fallait écouter, même lorsqu'il disait des choses pas tout à fait bonnes, ce qui, dans tous les cas, ne le regardait nullement, lui, Tchouricenok.

— Mais vous savez que je ne puis accorder tout ce qu'on me demande, reprit le barine. — Si je ne refusais rien à personne, il ne me resterait bientôt plus rien et je ne pourrais alors secourir ceux qui sont véritablement malheureux. Voilà pourquoi j'ai fixé la part dont je puis disposer pour les réparations et l'ai donnée au mir... Ce bois n'est plus à moi, mais aux paysans, à vous tous, et je ne puis rien en distraire. C'est le mir qui le distribue comme il l'entend... Viens aujourd'hui à la Skhodka, je ferai part au mir de ta demande. S'il juge à propos de te donner de quoi reconstruire ton izba, bien... Pour moi, je n'ai plus de bois maintenant. Je souhaite de toute mon âme pouvoir te venir en aide, mais puisque tu ne veux pas te déplacer, ce n'est plus mon affaire ; c'est celle du mir... M'as-tu compris?

— Nous sommes très contents de votre

bienveillance, fit Tchouricenok avec confusion. Si vous daignez me donner un peu de bois pour reconstruire mon izba, je m'arrangerai avec cela... Quant au mir, je le connais...

— Non, viens tantôt.

— J'irai. Pourquoi ne pas y aller?... Seulement, je ne demanderai rien au mir.

IV

Le jeune pomestchik voulait encore dire quelque chose, cela était visible. Il ne bougeait pas de son banc et promenait son regard indécis sur Tchouricenok et sur le fourneau, qui était vide.

— Est-ce que vous avez déjà dîné? finit-il par demander.

Un sourire ironique passa sous les moustaches de Tchouricenok, comme s'il eût trouvé amusant que le barine s'arrêtât à lui faire d'aussi sottes questions. Il ne répondit pas.

— Comment, dîné, notre nourricier? dit la baba avec un sourire triste. — Nous avons mangé du pain, et voilà notre dîner. Je n'ai pas eu le temps d'aller chercher des petits poissons et il n'y avait pas de quoi faire le stchi [1]. Ce qui restait de kvass [2], je l'ai donné aux enfants.

— C'est aujourd'hui jeudi, jour de jeûne, Votre Excellence, déclara Tchouricenok. — Du pain et de l'oignon, voilà toute notre nourriture, à nous, moujiks. Et encore, loué soit Dieu! j'ai du pain, grâce à votre bienveillance, car chez les autres moujiks il n'y en a même pas. Les oignons ont manqué cette année. Le maraîcher Mikhaïl les vend un grosch [3] la botte, et nous n'avons pas de quoi en acheter. Je crois que nous ne sommes plus allés à l'église depuis les fêtes de Pâques. Nous n'avons pas d'argent pour acheter un cierge.

1. Soupe aux choux.
2. Cidre.
3. Un demi-kopek, soit un peu plus d'un centime.

Nekhlioudov connaissait déjà par ouï-dire l'extrême misère de ses paysans. Mais cette triste réalité était si peu en rapport avec son état d'esprit et sa manière de vivre que, malgré lui il l'oubliait et, quand elle se représentait à lui, il se sentait le cœur serré comme si un crime non encore expié l'eût tourmenté.

— Mais pourquoi êtes-vous si pauvres? s'écria-t-il, exprimant malgré lui sa pensée.

— Comment pouvons-nous ne pas être pauvres, notre père, Votre Excellence? Vous savez bien ce qu'est notre terre: de l'argile. Nous avons sans doute aussi excité la colère de Dieu, car, depuis le choléra, nous n'avons pas de blé. Nous avons moins de prairies qu'auparavant. Les unes ont été ravagées et les autres ont été prises pour les champs du barine. Moi je suis seul et vieux. Je serais content de parvenir à vivre, mais je n'ai plus assez de forces. Ma vieille est malade, et chaque année elle me donne une fille. Il faut les nourrir toutes. Je suis seul à me démener et nous sommes sept âmes à la maison. Aussi je pèche souvent devant Dieu en pensant : « Si du moins il les rappelait vite à lui ! Ce serait mieux pour moi, et aussi pour elles. Vivre dans cette misère ! »

— Oh! oh! oh! gémit d'un ton aigu la baba, pour appuyer les paroles de son mari.

— Voilà mon seul aide, poursuivit Tchouricenok en désignant un enfant de sept ans, à la tête blonde et au ventre démesurément developpé, qui entrait en ce moment dans l'isba, en faisant crier doucement la porte. Attachant ses grands yeux étonnés sur le barine, il s'accrocha à la chemise de son père.

— Voilà mon seul aide, reprit celui-ci

d'une voix forte en caressant de sa paume rugueuse les cheveux blond d'épi du petit garçon. Combien de temps me faudra-t-il encore attendre? Car moi je n'ai plus la force de travailler. L'âge ne serait rien encore, mais une hernie m'interdit toute fatigue. Quand le temps est mauvais, je souffre à crier. Oui, il y a déjà longtemps que j'aurais dû me reposer. Voyez Ermilov, Demkine, Ziabrev, tous plus jeunes que moi : ils ne travaillent plus depuis des années. Moi, je n'ai personne qui puisse me remplacer, et voilà : je me démène, Votre Excellence.

— Je serais bien heureux de t'aider... Mais comment faire ? dit le jeune barine, en fixant sur le paysan son regard apitoyé.

— Comment m'aider? la chose est simple. Quand on a de la terre, on n'en est point quitte en la cultivant. Il faut aussi faire la corvée. C'est la règle... Je n'ai qu'à laisser grandir mon fils. Seulement, je m'adresse à votre bienveillance pour le dispenser de l'école. Hier, un de ceux du conseil est venu me dire que Votre Excellence exige que tous les enfants aillent à l'école. Dispensez-en le mien... Voyez comme il a peu d'intelligence. Il est trop jeune, Votre Excellence ; il ne comprend rien.

— Eh ! mon frère... Ce sera comme tu voudras, fit le barine ; mais, ton enfant peut déjà comprendre, et il est temps qu'il apprenne à lire... C'est pour ton bien, que je te parle ainsi... Voyons, juge toi-même ! Quand il sera grand et qu'il sera chef de famille, s'il sait lire et écrire tout ira mieux, avec l'aide de Dieu, dans votre maison.

Nekhlioudov tâchait de s'exprimer le plus simplement possible afin de se faire mieux comprendre. Il se fit à lui-même cette remarque et en rougit de plaisir.

— Je ne discute pas, Votre Excellence, vous ne voulez pas notre mal. Mais qui restera à la maison ?... Moi et la baba, nous allons faire la corvée. Pendant ce temps, il nous aide : il ramène le bétail et donne à boire aux chevaux. Tel qu'il est, c'est un moujik lui aussi.

Et Tchouricenok prenant en souriant le nez du gamin entre ses doigts, le moucha.

— N'importe, dit le barine. Envoie-le tout de même à l'école quand tu es à la maison et qu'il le peut... Entends tu ?... Absolument.

Tchouricenok soupira péniblement et ne répondit rien.

V

— Je voulais encore te demander pourquoi tu n'as pas enlevé ton fumier, dit Nekhlioudov.

— Quel fumier ! notre père, Votre Excellence. Qu'ai-je en fait de bétail? Une jument et son poulain... Mon petit veau, j'ai dû le donner l'automne dernier au *dvornik*... [1] Voilà tout mon bétail !

— Si tu en avais si peu, pourquoi donc as-tu donné ton veau ? demanda le barine étonné.

— Comment l'aurais-je nourri?

— N'as-tu pas assez de paille pour nourrir

1. Aubergiste.

une vache? Les autres en ont, cependant.

— Les autres ont de la terre où l'on peut mettre du fumier. Ma terre, à moi, n'est que de l'argile. Rien n'y fait.

— Eh bien, mets-y du fumier et ce ne sera plus que de l'argile. Ta terre te donnera alors du blé et de quoi nourrir du bétail.

— Mais, puisque je n'ai pas de bétail, quel fumier mettrai-je dans ma terre?

« L'étrange cercle vicieux », pensait Nekhlioudov, qui ne savait plus que conseiller au moujik.

— Et puis, il faut vous dire, Votre Excellence, que ce n'est pas le fumier seul qui fait pousser le blé... Tout vient de Dieu, continua Tchouripenok. — Ainsi, cet été, j'ai récolté dix meules de blé dans un champ non fumé, tandis que je n'en ai retiré qu'une d'un autre champ où j'avais mis du fumier... Il n'y a que Dieu, poursuivit-il avec un soupir. De plus, nous sommes malheureux avec le bétail; voilà six ans qu'il ne peut vivre. L'été dernier un de mes veaux est mort; j'ai dû vendre l'autre, faute de pouvoir le nourrir. L'année précédente, j'avais perdu une excellente vache. Quand on l'amena du troupeau, elle n'avait rien. Tout à coup, elle dépérit, et *la vapeur est sortie...* C'est toujours mon malheur.

— Eh bien, frère, pour que tu ne dises plus que tu n'as pas de bétail parce que tu n'as pas de quoi lui donner à manger, et que tu n'as pas de nourriture parce que tu n'as pas de bétail, voici pour t'acheter une vache.

Et, rougissant, Nekhlioudov tira de sa poche un paquet de billets froissés.

— Achète-toi une vache; je te porterai peut-être chance. Tu prendras dans mon aire de quoi la nourrir; je donnerai des ordres pour cela. Donc procure-toi une vache d'ici à dimanche prochain, je viendrai la voir.

Tchouricenok hésita si longtemps devant l'argent offert que Nekhlioudov, rougissant davantage, se décida à le poser sur le coin de la table.

— Nous sommes heureux de votre bienveillance, dit enfin Tchouricenok avec son habituel sourire ironique.

La vieille poussa plusieurs soupirs pénibles et sembla murmurer une prière. Le ieune barine, se sentant gêné, se leva précipitamment, passa sous le porche et appela Tchouricenok. La vue d'un homme qu'il venait d'obliger lui était si agréable qu'il ne voulait pas se séparer de lui tout de suite.

— Je suis bien aise de pouvoir t'aider, fit Nekhlioudov en s'arrêtant près du puits. On peut te venir en aide, car je sais que tu n'es pas paresseux. Tu travailleras, je t'aiderai et, avec le secours de Dieu, tu te relèveras.

— Me relever, votre Excellence ! répondit Tchouricenok d'un ton sérieux, sévère même, comme s'il eût été mécontent que le barine supposât qu'il pourrait se relever. Du temps que mon père vivait, nous vivions ensemble, mes frères et moi, et rien ne nous manquait ; mais, depuis qu'il est mort et que nous nous sommes séparés, cela va de plus mal en plus mal. Voilà ce que c'est que d'être seul !

— Pourquoi vous êtes-vous séparés ?

— Eh ! c'est la faute des babas, Votre Excellence. Votre grand-père n'était plus de ce monde, car s'il avait vécu à cette époque, nous ne l'aurions pas osé. Il y avait de l'ordre, alors. Le défunt barine était comme vous ; il s'occupait lui-même de nos affaires, et nous n'aurions jamais osé songer à cela. Il n'aimait pas à laisser faire ses moujiks; il les tenait ferme. Mais, après votre grand-père, c'est Andréi Iliitch qui nous a gérés. On peut bien dire, sans insulte à sa mémoire, que c'était un ivrogne. La première fois que nous allâmes lui dire : « Nous ne pouvons plus vivre ensemble à cause des babas, permettez-nous de nous séparer », il nous fit fouetter; la seconde fois, également; mais à la fin il en fut comme les babas le désiraient, et nous nous séparâmes... On sait ce qu'est un moujik isolé... Puis, il n'y avait pas d'ordre parmi nous. Andréi Iliitch faisait tout ce qui lui passait par la tête. « Tu dois tout avoir », disait-il au moujik. Comment se procurait-on le nécessaire, il ne se le demandait même pas. Cependant, on venait d'augmenter la capitation.[1] Et

---

1. Impôt direct payé par le paysan russe.

nous avions pourtant moins de terre et le blé rendait moins. Quand on fit le rebornage et que ce brigand nous enleva toutes les terres à fumier pour les attribuer au barine, il ne nous resta plus qu'à mourir...

Votre père, que le royaume du ciel soit à lui! était un bon barine, mais nous ne le voyions presque jamais; il demeurait toujours à Moscou. C'est bien connu, il voyageait souvent et subissait souvent des orages. Il n'y avait rien à donner à manger au cheval; va quand même!... Le barine ne peut pas faire autrement, et nous ne pouvons pas nous offenser de cela... Mais il n'y avait pas d'ordre. Là était le mal. A présent que votre bienveillance permet à chaque moujik d'aller à vous, les moujiks sont devenus tout autres, et le gérant aussi. Nous savons au moins à présent que nous avons un barine. Oh! je ne sais pas te dire combien les moujiks te sont reconnaissants... Du temps de votre tuteur, il n'y avait pas non plus de vrai barine. Tous étaient des barines : Le tuteur était un barine, et Iliitch un barine, et sa femme une barinia, et le scribe était aussi un barine.. Il y en avait beaucoup et les moujiks avaient beaucoup à supporter.

Nekhlioudov éprouva de nouveau comme un sentiment de honte et de remords. Il prit son chapeau et partit.

VI

Le barine lut sur son calepin :

« Youkhvanka le Bizarre veut vendre un cheval. »

Il traversa la rue et se dirigea vers la maison de Youkhvanka le Bizarre.

L'izba de ce moujik était recouverte de paille prise dans l'aire du barine. Le bois de tremble tout neuf, dont elle était construite, venait aussi de chez le barine, ainsi que les deux volets peints en rouge et le perron aux deux rampes sculptées que surmontait un petit auvent. Mais cet aspect d'aisance était déparé par un hangar dont le mur était inachevé et dont l'avant-toit n'était pas encore recouvert de paille.

Au moment où Nekhlioudov s'approchait d'un des escaliers du perron, deux paysannes, portant un baquet plein d'eau, s'avançaient de l'autre côté. C'étaient la femme et la mère de Youkhvanka. La première était une petite personne trapue, au teint vif, à la poitrine extrêmement développée, aux pommettes larges et charnues. Elle était vêtue d'une chemise propre, avec des broderies aux manches et au col, d'un tablier, également brodé, et d'une robe neuve ; ses pieds étaient chaussés de kotis [1] ; elle portait au cou un collier de verroterie et sur la tête une élégante kitchka [2] brodée de fil rouge et de passementeries cuivrées. Le bout de la palanche était posé d'aplomb sur son épaule large et forte. La tension légère des traits de son visage coloré, la courbure de son

1. Grandes bottes de feutre.
2. Diadème.

dos, le mouvement cadencé de ses bras et de ses jambes dénotaient une santé de fer et une rare force musculaire.

Au contraire, la mère de Youkhvanka, qui portait l'autre bout de la palanche, semblait être arrivée à la dernière limite de la vieillesse; l'état de délabrement dans lequel elle était en faisait une véritable ruine humaine. Une chemise noire, déchirée, et une robe sans couleur flottaient sur sa charpente osseuse, si courbée que le bout de la palanche portait sur son dos plutôt que sur son épaule. Ses deux mains, qui retenaient la pièce de bois, étaient d'un brun sale, et si osseuses qu'elles semblaient ne plus devoir se décroiser. Sa tête baissée, qu'entouraient quelques chiffons, portaient les traces de la plus profonde misère. Au-dessous d'un front étroit, labouré en tous sens de rides profondes, deux yeux rouges, ternes et sans cils clignotaient. Dans sa bouche démeublée apparaissait une unique dent jaune, branlante et si longue qu'elle ressortait par-dessus la lèvre inférieure, atteignant parfois jusqu'au menton pointu. Les rides de la partie inférieure de son visage et de son cou leur donnaient l'apparence d'un sac se mouvant à chaque contraction de la face ou de la mâchoire. Elle soufflait péniblement et ses pieds nus se traînaient en cadence avec un visible effort.

VII

Heurtant presque Nekhlioudov, la jeune baba s'arrêta net, posa prestement le baquet, baissa les yeux, salua, puis regarda le barine en dessous. Elle s'efforçait de dissimuler un léger sourire derrière la manche de sa chemise, sans cesser toutefois d'attacher ses yeux brillants sur le jeune homme : puis, faisant bruire ses kotis, elle monta les degrés du perron.

— Toi, ma mère, reporte donc la palanche à la tante Nastasia, dit-elle à la vieille femme.

Le jeune pomestchik, les sourcils froncés, fixait la jeune baba d'un regard attentif et sévère ; puis, s'adressant à la vieille, qui, pour obéir à l'ordre de sa bru, ôtait la palanche de dessus son épaule, lui dit :

— Ton fils est-il à la maison?

La vieille, courbant davantage son dos voûté, salua, voulut répondre quelque chose, mais tout à coup elle posa sa main sur sa bouche et se mit à tousser si longtemps que Nekhlioudov, désespérant d'en obtenir une réponse, entra dans l'izba.

Youkhvanka était assis sur un banc. En apercevant le barine, il se précipita vers le poêle, comme s'il eût voulu s'y cacher, fourra précipitamment un objet sous la couchette et se rangea contre le mur afin de laisser entrer Nekhlioudov.

Ce moujik était un jeune homme d'une trentaine d'années, maigre, élancé, blond, le visage encadré d'une courte barbe terminée en pointe. Il eût pu passer pour un joli garçon, si deux yeux gris et mobiles n'avaient gâté ses traits, dont l'harmonie était déjà compromise par l'absence de deux dents de devant. Il portait une chemise de fête à raies écarlates, des culottes rayées et des bottes molles à revers. L'intérieur de l'izba était moins étroit et moins triste que chez Tchouricenok, bien qu'on y fût oppressé par la même atmosphère étouffante où flottaient l'âcre odeur de la fumée et le suint des touloups. Les vêtements et la vaisselle, de ce côté comme de l'autre, étaient en désordre. Deux objets attiraient l'attention. C'était un petit samovar bosselé, posé sur une planche étagère ; puis un cadre noir, à demi recouvert d'un débris de vitre sale. Le cadre entourait le portrait d'un général en uniforme rouge et était suspendu près des icônes.

Nekhlioudov contemplait froidement le samovar, le portrait et la couchette ; sous les loques qui la recouvraient, un tuyau de pipe orné de cuivre dépassait un peu.

— Bonjour, Epiphan [1], dit-il en regardant le moujik dans les yeux.

Epiphan salua en grommelant :

— Je vous souhaite une bonne santé, Votre X'ence.

Et son regard, tour à tour, se promena sur le barine, sur le plancher, par toute l'isba, sans se fixer nulle part. Enfin, le moujik s'approcha de la couchette, y prit un caftan et l'endossa.

— Pourquoi t'habilles-tu? demanda Nekhlioudov en s'efforçant de prendre un air sévère.

— Comment donc! Excusez, Votre X'ence... Est-ce permis?... Nous savons comprendre, je pense.

1. Youkhvanka est le surnom d'Epiphan.

— Je suis venu chez toi afin de savoir pourquoi tu veux vendre ton cheval. Combien as-tu de chevaux et lequel veux-tu vendre? fit le barine d'un ton bref.

— Nous sommes très honorés que Votre X'ence ait daigné venir chez nous... chez un moujik, répondit Youkhvanka en faisant courir son regard sur le poêle, sur le portrait du général, sur les bottes du barine et sur tous les autres objets qui se trouvaient dans l'izba, mais fuyant cependant le visage de Nekhlioudov.

— Nous prions toujours Dieu pour Votre X'ence, ajouta-t-il.

— Pourquoi as-tu besoin de vendre un cheval? répéta le barine en élevant la voix et en toussotant par contenance.

Youkhvanka poussa un soupir, secoua ses cheveux d'un mouvement de tête, parcourut de nouveau l'izba du regard et puis, apercevant un chat qui ronronnait sur le banc, il cria :

— Briss !... La vilaine.

Et, s'adressant au barine, il dit rapidement :

— Le cheval qui... X'ence... qui ne vaut rien... Si c'était une bonne bête, je ne le vendrais pas, X'ence.

— Combien as-tu de chevaux ?

— Trois chevaux, X'ence.

— Et des poulains, n'en as-tu pas ?

— Comment donc, X'ence !... J'ai aussi un poulain.

VIII

— Allons, viens me montrer les chevaux... Ils sont dans ta cour? .

— Oui, X'ence... Je ferai comme vous l'ordonnerez, Votre X'ence... Est-ce que nous pouvons désobéir, Votre X'ence?... Yakov Iliitch m'a ordonné de ne pas laisser aller mes chevaux aux champs. Il m'a dit que le prince viendrait les voir. Alors nous les avons gardés. Nous n'osons pas désobéir, Votre X'ence.

Tandis que Nekhlioudov sortait, Youkhvanka prit la pipe sur la couchette et la jeta plus loin sur la poêle. Ses mains et ses lèvres étaient agitées et trahissaient une inquiétude qui n'échappa pas au barine.

Une maigre jument grise était sous l'avant-toit ; elle dévorait des brins de paille pourrie. Un poulain de deux mois d'une couleur indéfinissable, aux jambes grêles, ne quittait pas la queue mince et sale de sa mère. Au milieu de la cour, un cheval baizain, au ventre trop gros, était là, les yeux clos, la tête basse et songeuse. A première vue, l'animal paraissait un bon cheval de moujik.

— Ce sont là tous tes chevaux ? demanda le barine.

— Non, X'ence. Voilà encore une jument et un poulain, répondit Youkhvanka, en désignant les animaux qui étaient sous l'avant-toit et que, pensait-il, le barine n'avait pu apercevoir.

— Je vois, fit celui-ci. Eh bien, lequel veux-tu vendre !

— Eh ! celui-ci, X'ence, dit le moujik en

désignant, avec le pan de son caftan, le cheval endormi, qui, au moment même, ouvrit les yeux et se tourna paresseusement vers son maître.

— Il ne semble pas vieux... C'est un cheval assez fort, remarqua Nekhlioudov. Amène-le et montre-moi ses dents. Je veux connaître son âge.

—Impossible de s'en emparer seul, X'ence. La bête est hargneuse, quoiqu'elle ne vaille pas un grosch. Elle se défend des dents et du poitrail, dit Youkhvanka en souriant d'un air joyeux et en laissant, de tous côtés, errer son regard.

— Quelle bêtise!... Amène-le, te dis-je.

Youkhvanka ne cessait de sourire et de piétiner. Le barine lui cria sévèrement : — Eh bien! Il courut alors vers l'auvent, en rapporta un licou et se mit à poursuivre le cheval ; mais il ne réussissait qu'à l'effrayer, car il l'approchait par derrière, non de face.

Cela impatientait le jeune homme. Peut-être aussi voulait-il montrer son savoir-faire. Il cria au moujik :

— Donne-moi ton licou.

— Permettez... Comment donc! Votre X'ence!... ne daignerait pas...

Sans écouter le moujik, Nekhlioudov alla au devant du cheval et, lui saisissant les oreilles, l'obligea à courber la tête avec une force telle, que l'animal, d'ordinaire paisible, ainsi que cela se voyait, s'ébrassa et chancela en essayant de se dégager.

Quand Nekhlioudov eut constaté qu'il était absolument inutile d'employer de tels efforts, il lui vint à l'esprit la pensée, toute naturelle à son âge, que Youkhvanka se moquait de lui et le prenait pour un enfant.

Il rougit, lâcha les oreilles du cheval et, sans s'aider du licou, lui ouvrit la bouche et regarda les dents. Les crochets étaient intacts, la couronne n'en était pas usée, ce que le jeune pomestchik savait déjà ; donc le cheval n'était pas vieux.

Pendant ce temps, Youkhvanka, resté sous l'avant-toit, s'aperçut que son araire n'était pas à sa place. Il la souleva et la dressa contre la haie.

— Viens ici! lui cria le barine avec une expression de dépit sur le visage et des larmes de colère dans la voix. Eh bien ! est-ce un vieux cheval, cela?

— Mais, X'ence... Il est très vieux. Il a une vingtaine d'années.

— Silence !... Tu es un menteur... un vaurien, car un honnête moujik ne ment pas ; il n'en a pas besoin ! dit Nekhlioudov, à demi suffoqué par les larmes qui lui montaient à la gorge.

Il se tut pour ne pas éclater en sanglots devant le moujik. Youkhvanka gardait également le silence et, de l'air d'un homme qui retient ses larmes, il reniflait et branlait la tête.

— Eh bien! avec quoi laboureras-tu, si tu vends ton cheval? reprit Nekhlioudov, suffisamment apaisé pour pouvoir reprendre son ton de voix ordinaire, — On t'envoie exprès aux travaux de piéton pour que tu puisses te relever avec tes chevaux, les laisser au labour, et tu veux vendre ton dernier cheval? Mais, surtout, pourquoi mens-tu?

Quand le barine se fut un peu calmé, Youkhvanka parut également calmé. Il se tenait droit, ses lèvres tremblaient et son regard ne cessait d'errer d'un objet à l'autre.

— Nous ne ferons pas notre travail plus mal que d'autres, Votre X'ence.

— Mais, avec quoi le feras-tu ?

— Soyez sans inquiétude; nous ferons le travail de Votre X'ence, répondit Youkhvanka. Si on n'avait pas besoin d'argent, est-ce qu'on vendrait ?

— Pour quel usage en as-tu besoin d'argent ?

— Nous n'avons pas de pain, X'ence... Et puis, il faut payer ce que nous devons aux moujiks, X'ence.

— Comment! pas de pain !... Comment ceux qui sont une famille en ont encore, et toi tu n'en as plus !... Qu'en avez-vous fait ?

— Nous l'avons mangé, X'ence. Il n'y en a plus une miette... Vers l'automne, j'achèterai un cheval, X'ence.

— N'ose même pas penser à vendre celui-ci !

— Eh bien, X'ence, si c'est ainsi, comment vivrons-nous ?... Pas de pain, défense de vendre... dit-il avec un tremblement de lèvres et en jetant tout à coup un coup d'œil insolent sur le barine. Il faut mourir de faim, alors !

— Prends garde, frère ! s'écria Nekhlioudov qui pâlit et sentit gronder en lui une violente colère. Des moujiks comme toi, je ne le souffrirai pas ici. Cela ira mal.

— Ce sera la volonté de Votre X'ence, répondit le moujik en fermant les yeux avec une apparente soumission. Si je n'ai pas pu vous plaire... Pourtant, je crois qu'on n'a remarqué aucun vice en moi... Mais cela se comprend, si je ne plais pas à Votre X'ence... Il en sera comme vous voudrez. Seulement, je ne sais pas pourquoi je dois souffrir.

— Voici pourquoi : d'abord, parce que ta cour n'est pas en ordre. Ton fumier est encore ici, au lieu d'être dans ton champ, tes clôtures sont en ruines et tu restes chez toi à fumer ta pipe au lieu d'aller travailler; ensuite, tu ne donnes pas un morceau de pain à ta mère, elle qui t'a laissé tout ce qu'elle avait. Enfin, tu permets à ta femme de la battre à tel point qu'elle a dû venir se plaindre auprès de moi.

— De grâce, Votre X'ence!.,. Je ne sais même pas comment les pipes sont faites, répondit Youkhvanka d'un air confus, car il se montrait avant tout offensé qu'on l'accusât de fumer. — On peut tout dire d'un homme, ajouta-t-il.

— Voilà que tu mens encore... Je t'ai vu moi-même.

— Comment oserais-je mentir à Votre X'ence?

Nekhlioudov se mordit les lèvres, tout en arpentant rapidement la cour. Youkhvanka demeurait immobile et, sans lever les yeux, suivait tous les mouvements du barine.

— Ecoute, Epiphan, dit enfin Nekhlioudov en reprenant sa voix enfantine et douce.

Et s'approchant du moujik, il tâcha de contenir son irritation.

— On ne peut vivre ainsi, lui dit-il. Tu te perdras.... Réfléchis bien.... Si tu veux être un bon moujik, il faut que tu changes de vie.... Abandonne tes mauvaises habitudes, ne mens plus, ne t'enivre plus, respecte ta mère.... Je sais tout ce que tu fais : Occupe-toi de ton intérieur et ne vole plus le bois de l'État, ne fréquente plus le cabaret... Demande-toi à toi-même : Est-ce bien, ce que tu fais?... Si tu as besoin de quelque chose, viens me trouver et dis-le moi franchement, dis toute la vérité... Certainement, je ne te refuserai rien. Je ferai pour toi tout ce que je pourrai...

— De grâce, X'ence !... Il me semble que nous pouvons, nous aussi, comprendre Votre X'ence, répondit Youkhvanka en souriant, comme s'il appréciait toute la finesse de la plaisanterie à laquelle le barine lui semblait se livrer.

Ce sourire et cette réponse ôtèrent à Nekhlioudov tout espoir de prendre le moujik par les bons sentiments. En même temps il lui sembla qu'il agissait au rebours de ce qui se passait. Ayant pour lui l'autorité, il n'eût pas dû essayer de faire entendre raison à Youkhvanka. En tout cas, il n'avait pas dit ce qu'il fallait dire. Il baissa tristement la tête et sortit de la cour. La vieille femme était assise sur le seuil de la porte et faisait entendre une sorte de gémissement en manière d'approbation aux paroles du barine, qu'elle avait entendues.

— Tiens ! Voilà pour du pain, lui dit Nekhlioudov à l'oreille, et il lui tendit un billet d'un rouble. Seulement, achète-le toi-même ne le donne pas à Youkhvanka, il le porterait au cabaret.

La vieille, en branlant la tête, s'efforçait de saisir, de sa main osseuse, le chambranle de la porte pour se lever et remercier le barine; mais celui-ci était de l'autre côté de la rue avant qu'elle fût parvenue à se mettre debout.

IX

Le jeune homme reprit son carnet et lut, à la suite du nom de Youkhvanka : « Davidka le blanc demande du pain et des poutres. »

Il traversa plusieurs cours et, au tournant d'une ruelle, rencontra son gérant, Yakov Alpatich, qui, en apercevant de loin le barine, avait ôté sa casquette de toile cirée. Tirant un foulard de sa poche, il essuya son visage bouffi et rouge.

— Couvre-toi, Yakov, lui dit le jeune homme. Yakov, couvre-toi, te dis-je.

— D'où daignez-vous venir, Votre Excellence? demanda Yakov, s'abritant du soleil avec son bonnet sans oser le remettre sur sa tête.

— J'étais chez le Bizarre... Dis-moi, je te prie, pourquoi il est devenu ainsi? fit le barine sans s'arrêter.

— Qu'y a-t-il, Votre Excellence? fit le Yakov en suivant le barine à distance respectueuse. Il avait remis son bonnet et lissait ses moustaches.

— Comment, ce qu'il y a!... Il y a que c'est un vaurien complet : paresseux, menteur, voleur... Il fait souffrir sa mère et semble être tombé si bas qu'il ne se relèvera jamais.

— Je ne sais pas, Votre Excellence, pourquoi il vous a tant déplu...

— Et sa femme, interrompit le barine. Elle me paraît être aussi une mauvaise créature. La vieille est vêtue comme une mendiante et n'a rien à manger, tandis que la jeune a de beaux habits, ainsi que lui... Que vais-je faire de cet homme? Je n'en sais absolument rien.

Yakov semblait mal à l'aise, pendant que Nekhlioudov parlait de la femme de Youkhvanka,

— Eh bien, dit-il, puisqu'il est tombé si bas, Votre Excellence, il faut trouver le moyen de le relever... Il est vrai qu'il est dans la misère, comme tous les moujiks isolés. Pourtant, ses affaires sont en ordre, plus que celles des autres même. C'est un moujik intelligent. Il sait lire et je le crois honnête. Quand on prélève l'impôt par âme, on l'emploie; il a déjà été staroste sous ma gérance pendant trois ans et je n'ai rien remarqué qui fût répréhensible dans sa conduite. Il y a trois ans, votre tuteur a voulu lui enlever cette fonction. Il est également actif à la corvée. Peut-être, au temps où il était employé à la poste de la ville, s'est-il mis à boire un peu! Il faudrait trouver un remède à cela. Il lui est arrivé d'être un peu turbulent; mais il a suffi de l'effrayer pour le faire rentrer dans l'ordre. Si vous ne voulez pas employer ce moyen, je ne sais quel autre prendre. On ne peut le porter comme soldat, il lui manque deux dents de devant... D'ailleurs, j'oserais vous rappeler qu'il n'est pas le seul à avoir perdu toute vergogne.

— Laisse, Yakov, laisse cela, dit Nekhlioudov avec un léger sourire. Nous en avons assez causé et tu sais ma pensée là-dessus. Tout ce que tu me diras à ce sujet ne me fera pas changer d'opinion.

— Certes, Votre Excellence, vous savez tout, fit le gérant en haussant les épaules derrière son maître, comme s'il n'augurait rien de bon de tout cela. Quant à la vieille, inutile de vous en inquiéter, continua-t-il. Il est vrai qu'elle a élevé des orphelins, nourri et marié Youkhvanka, etc. Mais c'est chose ordinaire chez les moujiks : dès qu'ils ont transmis leurs biens à leurs enfants, ces derniers deviennent les maîtres. La vieille doit gagner son pain dans la mesure de ses forces. Certes, son fils et sa bru n'ont pas de tendresse pour elle, mais c'est ainsi chez les paysans. J'oserais donc vous dire que cette vieille vous a dérangé inutilement. Elle est intelligente et ménagère, mais pourquoi déranger son maître à tout propos?... Quoi! Elle s'est peut-être querellée avec sa bru ; peut-être celle-ci l'aura-t-elle poussée un peu. Eh bien, ce sont affaires de babas, cela. Elles se seraient bien réconciliées sans vous. Vous prenez la chose trop à cœur, conclut le gérant sur un ton d'affectueuse condescendance.

Le barine continuait de monter la rue à grands pas et sans dire un mot.

— C'est à la maison que vous daignez vous diriger? lui demande Yakov.

— Non. Je vais chez Davidka le blanc, ou le bouc... Comment le nomme-t-on au juste ?

— Eh bien, voilà encore un coquin que je vous recommande. Toute cette race de boucs est ainsi. Que n'ai-je pas fait pour lui déjà en pure perte! Hier, en passant par les champs des paysans, j'ai remarqué qu'il n'avait pas encore serré la gretchikha [1]. Que peut-on faire de telles gens ? Si encore le vieux reprenait son fils ! Mais non, l'un est aussi coquin que l'autre. Il s'obstine, d'ailleurs, à ne pas vouloir travailler. Nous avons tout tenté, votre tuteur et moi. On l'a envoyé au poste, on l'a même puni à la maison d'une manière que vous n'aimez point.

— Qui ? le vieux ?

1. Sarrazin.

— Oui, le vieux. Que de fois votre tuteur l'a châtié devant toute la Skhodka!... Croyez-vous que cela lui faisait quelque chose? Point du tout. Il se secouait et s'en allait comme s'il ne lui était rien arrivé... Et je dois vous dire que Davidka est un moujik assez intelligent, quoique timide. Il ne fume ni ne boit. Eh bien, il est pire qu'un ivrogne et n'est guère bon qu'à être porté comme soldat ou envoyé pour peupler quelque colonie... Il est bien de la race des boucs... Matriouchka, qui est aussi de cette famille, n'est pas moins coquin... Alors, vous n'avez pas besoin de moi, Votre Excellence? demanda le gérant en voyant que le barine ne l'écoutait pas.

— Non, va-t-en, répondit le barine d'un air distrait. Et il se dirigea vers le logis de Davidka le blanc.

L'izba de Davidka se trouvait à l'extrémité

du village. Isolée des autres maisons, cette construction n'était point entourée comme celles-ci d'une cour, d'une aire, d'un hangar, mais seulement de quelques étables basses, vraies léproseries, adossées à des murs chancelants. Derrière l'izba, un tas de menu bois et de poutres étaient jetés sans ordre. A la place où la cour eût dû entourer le logis, les mauvaises herbes avaient poussé hautes et drues. La maison semblait abandonnée. Cependant, un porc couché dans la boue grognait en fouillant la terre de son groin, près de la porte de l'izba.

Nekhlioudov frappa du doigt à la vitre cassée par laquelle l'izba prenait un peu de jour. Personne ne répondant, il s'approcha de la porte et cria :

— Eh! patron.

La maison restait silencieuse; Nekhlioudov en franchit le seuil, la porte étant grande ouverte, il pénétra dans l'intérieur.

Un vieux coq rouge et deux poules semblaient s'y trouver seuls, grattant la terre et la boue de leurs pattes avec un bruit sec et hérissant leur large collier de plumes courtes. En apercevant le jeune homme, ils battirent des ailes et, poussant des gloussements effarés, se dispersèrent dans les coins de l'izba. Ce logis, de six archines de superficie, contenait un poêle, dont la cheminée était brisée, un métier à tisser encore monté, bien qu'on fût en été, une table fendue, dont le centre était affaissé et formait cuvette. Quoiqu'il fît sec au dehors, une mare s'étendait devant le seuil, alimentée par la pluie qui filtrait à travers le toit et le plafond. Il n'y avait point de lit sur le poêle et l'on avait peine à croire que cette salle pût servir d'habitation, tant les objets qui la meublaient étaient délabrés et en désordre. L'intérieur de cette izba répondait vraiment bien à son extérieur. Et pourtant Davidka vivait là avec toute sa famille.

Malgré la chaleur de ce beau jour de juin, Davidka, la tête enveloppée d'un touloup [1], dormait d'un sommeil profond sur un coin du poêle. Une des poules s'y était réfugiée et marchait sur le dos du moujik sans que celui-ci se réveillât.

N'apercevant personne, Neklioudov se disposait à sortir lorsqu'un soupir prolongé lui signala la présence du maître du logis.

— Eh! cria le barine.— Y a-t-il quelqu'un ici?

Un second soupir, plus long que le premier, partit du poêle.

— Qui est là? fit Nekhlioudov.— Viens ici.

Un nouveau soupir, un grognement et un

1. Pelisse en peau de mouton.

bâillement bruyant répondirent aux appels du barine.

— Eh bien !

Quelque chose remua alors lentement sur le poêle et le pan d'un touloup usé se dressa. Puis, un grand pied, chaussé d'un lapot déchiré pendit hors du poêle, puis un second, enfin la silhouette de Davidka le blanc se montra tout entière. Il s'était assis sur le poêle et frottait ses yeux de ses gros poings, l'air mécontent et paresseux. Il bâilla de nouveau, baissa la tête et, apercevant enfin le barine, il se remua un peu, mais si lentement que Nekhlioudov pût aller trois fois de la mare au métier à tisser avant que Davidka fût descendu de sa couchette.

Davidka le blanc était bien nommé. Son visage et son corps étaient en effet extrêmement blancs. Il était de haute taille et très gras; mais il était gras à la façon des moujiks, non du ventre mais de tout le corps. Néanmoins, cette graisse était molle et maladive. Son visage assez beau, éclairé par des yeux bleus, doux et calmes, sa barbe large, tout en lui contribuait à lui donner un air de mauvaise santé. Son visage n'était point hâlé par le soleil, ses joues n'étaient point roses comme celles des gens qui vivent au grand air, son teint était pâle ou plutôt jaunâtre avec une légère teinte bleue autour des yeux. Ses mains étaient gonflées et livides comme celles des hydropiques. Il était encore somnolent et pouvait à peine ouvrir les yeux A peine aussi réussissait-il à se tenir debout sans chanceler et sans bâiller.

— N'as-tu pas honte, commença Nekhlioudov, — de dormir au milieu du jour, quand tu as ta cour à reconstruire, quand tu manques de pain !

Davidka était revenu à lui et comprenait

enfin qu'il avait le baiine devant lui ; il joignit les mains sur son ventre, baissa la tête en la penchant un peu et ne bougea pas. L'expression de son visage et son attitude semblaient dire : « Je sais, je sais. Ce n'est pas la première fois que j'entends cela... Eh bien ! battez-moi donc, si cela est nécessaire, je le supporterai. »

Le moujik semblait désirer que le barine cessât de parler, le battît au plus tôt, le frappât sur la joue, mais le laissât ensuite tranquille.

S'étant aperçu que Davidka ne le comprenait point, Nekhlioudov essaya par plusieurs questions de faire sortir le moujik de ce mutisme qui ne décelait qu'une soumission patiente.

— Pourquoi donc m'as-tu demandé du bois, puisque voilà un grand mois qu'il y en a ici sans que tu t'en sois servi... Eh ?

Davidka ne bougea ni ne répondit.

— Eh bien, réponds donc !

Davidka poussa un sourd mugissement et ses cils blancs s'agitèrent lentement.

— Il faut travailler, mon frère. Si tu ne travailles pas, que t'arrivera-t-il ? Voilà que tu manques de pain, à présent. Tout cela, pourquoi ? Parce que ta terre est mal labourée, la semence n'y a pas été déposée au bon moment. Tout cela, par paresse... Tu me demandes du pain. Soit, je t'en donnerai, car on ne peut pas te laisser mourir de faim. Mais cela ne devrait pas se faire. Quel pain te donnerai-je ? Qu'en penses-tu ? A qui est il ? Réponds donc ! A qui est le pain que je te donnerai ?

— Au seigneur, murmura Davidka en levant sur le barine ses yeux timides et interrogateurs.

— Et ce pain du seigneur, d'où vient-il ?...

Juge toi-même : Qui a labouré, semé, récolté ? Des moujiks, n'est-ce pas ! Eh bien, vois-tu ! s'il faut donner le pain du seigneur aux moujiks, il revient plutôt à ceux qui ont travaillé davantage... Tandis que toi, tu as travaillé le moins. On se plaint de toi, et pourtant tu demandes plus que les autres... Pourquoi, alors, te donner, à toi, et non aux autres ? Si tout le monde s'amusait comme toi à rester sur le flanc, nous serions tous morts de faim depuis longtemps. Il faut travailler, mon frère... Ce n'est pas bien d'agir comme tu le fais ; entends-tu, David ?

— J'entends, dit le paysan entre ses dents.

X

En ce moment, une tête de paysanne se montra à la fenêtre. C'était la mère de Davidka, une femme d'une cinquantaine d'années, encore fraîche et alerte, qui rentrait avec une pièce de toile sur l'épaule. Son visage, sillonné de rides, n'était pas régulier; mais son nez ferme et droit, ses lèvses minces et serrées, ses yeux gris, très vifs, décelaient l'intelligence et l'énergie. Ses larges épaules anguleuses, sa poitrine plate, ses bras secs et nerveux et le développement des muscles de ses pieds noirs et nus témoignaient qu'elle avait depuis longtemps cessé d'être une femme pour n'être plus qu'un instrument de travail.

Elle entra vivement dans l'izba, ferma la porte, étira sa jupe et regarda son fils avec colère. Nekhlioudov ouvrit la bouche pour lui parler, mais elle se détourna et se mit à faire des signes de croix devant un icône de bois noir dissimulé derrière le métier à tisser. Sa prière terminée, elle arrangea le crasseux foulard à carreaux qui retenait ses cheveux et salua très bas le barine.

— Je te souhaite un bon dimanche, Excellence. Que Dieu te sauve, ô toi, notre père !

L'embarras de Davidka avait augmenté à la vue de sa mère ; il courba davantage le dos et inclina plus encore son front.

— Merci, Arina, répondit Nekhlioudov. Je parlais précisément de votre ménage à ton fils.

Arina, ou, comme on l'appelait quand elle était jeune fille, Arichka Bourlak [1], appuya

---

1. *Bourlak,* Haleur sur la Volga.

sa joue sur son poing droit et, de sa main gauche soutenant son coude droit, interrompit le barine d'une voix bruyante et sèche qui emplissait l'izba, si bien que, du dehors, on aurait pu croire que plusieurs babas y criaient à la fois.

— Quoi! mon petit père! Tu raisonnes avec lui! C'est inutile... Il ne sait même pas parler comme un homme... Vois, il se tient comme un idiot, fit-elle en montrant au barine le personnage massif et piteux de Davidka. *Mon* ménage! Mon petit père, Votre Excellence, mais nous n'avons rien. Il n'y a pas plus pauvre que nous dans tout le village... Nous ne pouvons rien faire, ni pour nous ni pour le barine... C'est une honte!... Et tout cela par sa faute. Nous l'avons mis au monde et nous l'avons nourri, nous étions impatients de le voir grandir et devenir un homme, et le voilà, le désiré... Il mange bien le pain; mais, du travail, on en a de lui autant que de ces poutres pourries. Il ne sait que dormir sur le poêle, ou se tenir debout, occupé comme maintenant à gratter sa tête d'imbécile, déclara-t-elle en imitant son fils. — Peut-être, mon petit père, pourras-tu, toi, lui faire peur. Je te le demande pour l'amour de Dieu. Punis-le, envoie-le à l'armée. Au moins, ce sera tout à fait fini. Je n'ai plus la force de lutter contre lui, voilà !

— Eh bien, n'as-tu pas honte, Davidka, de faire parler ta mère ainsi ! fit Nekhlioudov au moujik d'un ton de reproche.

Davidka se tenait coi.

— Je comprendrais encore cela s'il était malade, reprit Arina avec une grande vivacité de paroles et de gestes. Au contraire, à le voir, on le prendrait pour un pourceau engraissé. Il peut donc travailler. Eh bien non, il est là comme un fainéant qui ne sait que rester étendu sur le poêle... Quand il se met au travail, mieux vaut que mes yeux ne le voient pas. Il se lève, se remue, et si lentement, dit-elle en traînant les mots et en balançant gauchement les épaules pour imiter son fils. — Aujourd'hui, le vieux est allé chercher lui-même du bois dans la forêt ; il avait dit à son fils de creuser des trous... Vois, il n'a pas même pris la pelle.

Elle se tut un instant.

— Qu'il me rend malheureuse !... Orpheline que je suis !... s'écria-t-elle tout à coup.

Et se rapprochant de son fils, elle s'écria, avec un geste menaçant vers la face bouffie de Davidka :

— Voyez ce groin ! Dieu me pardonne !

Elle se détourna en signe de mépris, cracha et, les larmes aux yeux, dit au barine:

— Toujours seule, notre nourricier... Mon

vieux est malade, épuisé par l'âge, et je suis toujours seule à travailler. Une pierre n'y résisterait pas. Si au moins j'en mourais, ce serait fini..., Il m'a laissée, ce vaurien... Ah! notre père, je suis à bout de forces; ma bru est tombée à la peine...

— Comment, tombée? demanda Nekhlioudov d'un air méfiant.

— Oui, à la suite d'un effort, notre nourricier... Dieu m'est témoin que je dis la vérité, poursuivit-elle en changeant de ton.

Son irritation était tombée et faisait place à une plainte dolente.

— C'était une bonne baba, fraîche et jeune. Quand elle était chez son père, elle était bien soignée et ne connaissait pas le besoin. Mais, chez nous, elle devait travailler à la corvée, et à la maison, et partout. Elle et moi étions les seuls travailleurs dans le ménage. Moi, cela ne fait rien, j'y suis habituée; mais elle était enceinte et travaillait quand même plus qu'il ne l'eût fallu. Et, alors, elle est tombée, la pauvre femme! Pendant l'été, à la fête de Saint-Pierre, elle accoucha d'un garçon, pour son malheur: il n'y avait pas de pain à la maison, mon petit père!... Le travail pressait, elle dut le faire; alors son sein se tarit. Nous n'avions pas de vache. Chez nous autres, pauvres moujiks, comment nourrir un enfant au biberon?... Les bêtises des babas, cela se comprend : elle se chagrinait de voir ainsi souffrir son premier né. Quand il est mort, elle a pleuré, pleuré ce malheur ; elle gémissait, gémissait... mais la peine et le travail rendaient la peine plus poignante encore. Chaque jour, elle s'affaiblissait davantage, et à la fin de l'été, vers la fête de Pokrov, elle mourut... C'est lui qui l'a tuée, le vaurien! s'écria-t-elle avec un violent désespoir en désignant son fils. — Je voudrais te demander quelque chose, Votre Excellence, reprit-elle après un court silence, en baissant les yeux et en saluant le barine

— Quoi ? demanda Nekhlioudov distraitement, car il était encore ému du récit que venait de lui faire la vieille femme.

— Il est encore jeune, et moi, quel travail peut-on encore attendre de moi ? Je suis vivante aujourd'hui, mais je puis mourir demain. Il ne peut pas rester sans femme; il ne serait pas un moujik. Songe donc à nous, notre père.

— C'est-à-dire que tu veux le marier. Eh bien, c'est une bonne idée.

— Fais-nous cette grâce... Tu es notre père et notre mère.

La baba fit un signe à son fils. Ils tombèrent tous deux aux pieds du barine.

— Pourquoi me salues-tu jusqu'à terre ? dit Nekhlioudov avec impatience, en soulevant la baba pour l'aider à se relever. Tu sais bien que je n'aime pas cela... Marie ton fils, j'en serai très content, si tu as une jeune fille en vue.

La vieille se leva et de sa manche essuya ses yeux secs. Davidka l'imita en frottant ses paupières de son poing enflé. Il reprit son attitude patiente et soumise pour écouter ce qu'allait dire sa mère.

— Des jeunes filles! Comment donc! Oui, il y en a... Ainsi, Vassioutka, de Mikhey, est une jeune fille qui nous conviendrait, mais elle ne se décidera pas sans ta volonté.

— Elle ne consent pas?

— Non, mon nourricier.

— Qu'y faire, alors! Je ne puis pas la contraindre. Cherchez-en une autre, sinon ici, dans un autre village. Je l'achèterai si elle consent à épouser ton fils. Mais la contraindre, cela ne se peut pas. Il n'existe pas une loi pour cela. Puis ce serait un péché grave.

— Eh! eh! nourricier! Qui donc, connaissant notre vie et notre pauvreté, viendra chez nous volontairement?... Une veuve de soldat elle-même ne voudrait pas se charger d'un tel embarras. Quel moujik nous donnerait sa fille? La plus désespérée ne voudrait pas... Nous sommes la pauvreté même. « On a fait mourir l'autre de faim », dirait-on, « on en fera autant de notre fille... » Mon Dieu! qui voudrait de nous! Juge toi-même, Votre Excellence, fit la vieille en hochant la tête d'un air de doute.

— Que puis-je en ce cas?

— Songe donc à nous, dit Arina d'un ton pressant.

— Comment puis-je y songer? Je ne puis rien faire.

— Qui donc, alors, songera à nous, si ce n'est toi, fit la baba, triste et perplexe, en baissant la tête.

— Vous avez demandé du pain, je donnerai des ordres pour que vous en receviez, fit le barine après un court silence pendant lequel Arina et Davidka poussaient alternativement des soupirs.

Nekhlioudov sortit de l'izba. La mère et le fils le suivirent jusqu'au dehors en le saluant.

XI

— O sort d'orphelin! gémissait Arina en soupirant péniblement. Et, s'arrêtant, elle regarda son fils avec colère.

Davidka se détourna aussitôt et, d'un mouvement lourd, posant son gros pied sur le seuil, disparut dans l'izba.

— Que vais-je faire de lui, mon père? continua la baba, en s'adressant au barine. Tu as vu toi-même comment il est. Il n'a pourtant pas un mauvais caractère, il ne s'enivre pas, c'est un moujik paisible qui ne ferait pas de mal à un enfant. Ce serait péché de dire le contraire. Mais Dieu sait pourquoi, il semble vouloir se faire du mal à lui-même. Il en est très fâché. Me croiras-tu, mon petit père? Mon cœur saigne à voir son chagrin. Tel qu'il est, il est toujours mon enfant; c'est mon ventre qui l'a porté. Oh! que je le plains!... On ne peut pas dire qu'il va contre ma volonté, celle de son père ou des autorités. Non. C'est un moujik craintif comme un enfant... Comment pourrait-il rester veuf? Pense donc, notre nourricier, répétait-elle, désireuse d'effacer la mauvaise impression que la réprimande à son fils avait pu produire sur le barine.

— Moi, petit père, Votre Excellence, continua-t-elle à voix basse et d'un ton de confidence, j'ai cherché à comprendre pourquoi il est ainsi. Sûrement, de mauvaises gens l'ont ensorcelé.

Elle garda quelques instants le silence.

—Si on trouvait quelqu'un pour le guérir?

—Quelles sottises me dis-tu là, Arina? On ne peut pas ensorceler un homme.

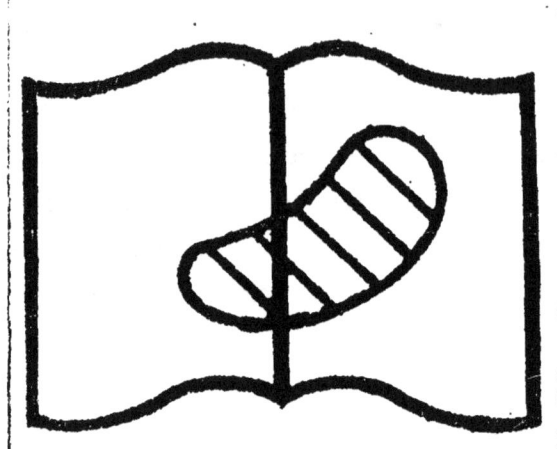

Illisibilité partielle

— Eh! mon père, on l'a certainement ensorcelé, à tel point que de sa vie il ne pourra redevenir un homme. Il y a beaucoup de méchants sur la terre. Par méchanceté, on aura retiré une poignée de terre à l'endroit où il avait marché... ou bien, autre chose... Et voilà un homme perdu pour toute sa vie... J'y songe... Si j'allais chez Doundouk, le vieux qui demeure à Vorobiovka!... Il connaît certaines paroles et certaines herbes; il sait conjurer le sort... Peut-être m'aidera-t-il. Peut-être me le guérira-t-il?

« Voilà bien la pauvreté et l'ignorance », pensait le barine. Et, la tête tristement baissée, il descendit la rue à grands pas. Que puis-je faire pour lui?... Le laisser dans cette situation, impossible. Pour moi, pour l'exemple à donner aux autres, pour lui-même, c'est impossible,... Je ne puis le voir plus longtemps ainsi. Mais comment le changer? Il lasse les meilleures intentions. Si pourtant on ne les transforme pas, ces mouji.s, mes rêves ne se réaliseront jamais », se disait-il avec un dépit mêlé de colère à l'idée que ses projets étaient constamment entravés. « Le déporter, comme me le conseille Yakov, s'il continue à vouloir se faire du mal à lui-même, ou le porter comme soldat... Oui, je me débarrasserai de lui et le remplacerai au moins par un bon moujik. »

Il caressait cette pensée avec un certain plaisir; mais, en même temps, sa conscience lui disait vaguement qu'il pensait seulement par un côté de son esprit et que ce n'était pas tout à fait bien ainsi. Il s'arrêta : « A quoi pensé-je, là ? se dit-il. « Le faire soldat! le déporter! et pourquoi? C'est un bon garçon, meilleur peut-être que beaucoup d'autres... Si je l'affranchissais ! » songeait-il en élargissant le cercle de ses réflexions.

« Non, ce serait injuste et impossible ».

Tout à coup une idée lui vint, qui le rasséréna, car il souriait comme un homme qui a résolu un problème difficile. « Je le prendrai comme dvorovi et je le surveillerai moi-même. Par la douceur et la persuasion, en choisissant bien ses occupations, je lui apprendrai à travailler et je le corrigerai ».

XII

« Voilà ce que je ferai », se dit Nekhlioudov avec joie. Et, se rappelant qu'il avait à voir le riche moujik Doutlov, il se dirigea vers une grande izba, ornée de deux cheminées, qui occupait le centre du village. Chemin faisant, il rencontra, près d'une izba voisine de celle de Doutlov, une grande baba d'une quarantaine d'années qui venait au devant de lui.

— Je te souhaite un bon dimanche, mon petit père, lui dit la baba, qui n'avait pas l'air intimidée.

S'étant arrêtée devant le jeune barine, elle s'inclina et sourit joyeusement.

— Bonjour, nourrice, répondit Nekhlioudov. — Comment te portes-tu?... Je vais chez ton voisin.

— C'est bien, petit père Votre Excellence; c'est une bonne chose... Mais pourquoi n'entrez-vous pas chez nous. Mon vieux en serait très content.

— Eh bien, allons-y, nous causerons, nourrice... C'est ton izba?

— Oui, petit père, c'est elle.

Et prenant les devants, la nourrice entra en courant dans l'izba.

Nekhlioudov la suivit et s'arrêta dans le vestibule où il s'assit sur un tonneau. Il prit une cigarette et l'alluma.

— Il fait trop chaud là, restons plutôt ici, répondit-il à la nourrice, qui l'invitait à entrer dans l'izba.

Cette femme était encore jeune, belle et fraîche. Dans ses traits et surtout dans ses yeux noirs on lisait une grande ressemblance avec le barine. Elle croisa les bras, fixa le barine dans les yeux et, remuant la tête avec une flexion gracieuse du cou, elle dit :

— Et pourquoi, petit père, daignez-vous rendre une visite à Doutlov?

— Je veux lui louer une trentaine de déciatines [1] de terre et acheter avec lui une forêt... Il a de l'argent, Doutlov. Pourquoi cet argent reste-t-il sans emploi? Qu'en penses-tu, nourrice?

— Eh bien, cela va sans dire, petit père... Les Doutlov sont riches. Ils sont peut-être les premiers moujiks du village, répondit la nourrice en hochant la tête. Ils ont beaucoup de chevaux, sans compter les poulains. Ils ont au moins six troïkas [2]... Et du bétail : des vaches et des moutons! Quand

1. Une déciatine vaut un hectare environ.
2. Attelage de trois chevaux.

on emmène les bêtes des champs, voit-on s'en engouffrer sous le portail!... Et des abeilles! Ils ont peut-être deux cents ruches, si ce n'est plus... Ils sont riches, ces moujiks; ils doivent en avoir, de l'argent.

— Crois-tu qu'ils soient réellement aussi riches? demanda le barine.

— On dit qu'il en a beaucoup, mais c'est peut-être par méchanceté. Lui ne s'en vante pas; il n'en parle même pas à ses fils. Pourtant il doit en avoir. Pourquoi ne s'occuperait-il pas de cette forêt? Peut-être craindrait-il qu'on apprît ainsi qu'il a beaucoup d'argent. Il y a cinq ans, il a eu une affaire de prairie achetée en commun avec Schkalik, le dvornik... Mais ce Schkalik l'a trompé. Doutlov y a perdu trois cents roubles et, depuis cette affaire, il ne risque plus son argent... Ah! il n'y pas à dire : c'est un véritable propriétaire. Il est riche et tout lui réussit, au point que les gens s'en étonnent... Ainsi, du grain, des chevaux, du bétail, des abeilles... Il a de la chance jusque dans ses enfants. Les voilà tous mariés à présent. Il leur choisissait d'abord des jeunes filles de l'endroit. Mais, il y a quelque temps, il a marié Iliouchka [1] à une jeune fille qu'il a rachetée lui-même. Eh bien ! elle fait tout de même une bonne baba.

— Vivent-ils en paix ?

— Quand il y a une tête à la maison, cela va toujours bien.

La nourrice resta quelques instants silencieuse.

— Mais on dit maintenant que le vieux veut mettre Karp, son fils aîné, à la tête de la maison, afin de ne plus s'occuper que de ses abeilles. Karp est certainement un bon moujik; il est sage et ordonné, mais il y a

1. Diminutif d'Ilia : Elie.

loin de lui au vieux. Ce n'est plus la même tête.

— Eh bien, peut-être Karp voudra-t-il, lui, faire l'affaire des terres et de la forêt, fit le jeune barine désireux d'apprendre de la nourrice tout ce qu'elle savait sur son voisin.

— C'est peu probable, petit père, répondit la nourrice. Le vieux n'a pas donné son argent à son fils. Tant qu'il vivra, l'argent ne sortira pas de son coffre.

— Le vieux ne consentirait pas?

— Il aura peur.

— De quoi donc aura-t-il peur?

— Comment veux-tu qu'un moujik avoue à son barine qu'il a de l'argent! Qui sait! Les hasards sont si grands! Il peut le perdre, cet argent. Ainsi, il a fait des affaires avec le dvornik et il n'a pas réussi. Ne pouvant aller en justice, son argent a été perdu. A plus forte raison, ne pourrait-il plaider contre un pomestchik. Là, certainement, il n'y aurait rien à faire.

— Oui, c'est vrai, dit Nekhlioudov en rougissant. — Adieu, nourrice.

— Adieu, petit père, Votre Excellence. Je vous remercie de votre visite.

XIII

« Ne ferais-je pas mieux de rentrer chez moi ? » pensait Nekhlioudov en s'approchant de la porte de Doutlov. Il se sentait sous le poids d'une tristesse indéfinissable et d'une réelle fatigue morale.

Mais, à ce moment, la porte charretière de bois neuf s'ouvrit devant lui en grinçant, et un beau garçon rose et blond d'environ dix-huit ans, vêtu comme un yamstchik[1], apparut conduisant une troïka de chevaux aux énormes jambes. Les animaux étaient tout en sueur. D'un mouvement de tête, le jeune homme rejeta ses cheveux en arrière.

1. Cocher de poste.

— Ton père est-il à la maison, Ilia? lui demanda Nekhlioudov.

— Il est à ses ruches, derrière la cour, répondit le jeune homme.

« Non, je ne puis pas y renoncer. Je vais lui faire la proposition et tenter tout ce que je pourrai, » se dit le barine. Et après s'être rangé pour laisser sortir les chevaux, il entra dans la vaste cour des Doutlov.

Le fumier avait été récemment enlevé ; la terre était noire et humide et, çà et là, des brins étaient disséminés jusqu'à la porte charretière. Sous un auvent, plusieurs charrettes, des araires, des traîneaux, des tonneaux, des instruments de culture étaient rangés avec ordre. À l'ombre des piliers, des pigeons voletaient et roucoulaient. L'air était imprégné d'une odeur de goudron et de fumier. Dans un coin, Karp et Ignat réparaient le siège d'une grande charrette solidement garnie de ferrures. Les trois fils de Doutlov avaient presque le même visage. Le cadet, Ilia, que Nekhlioudov avait rencontré à la porte, était imberbe, moins grand, plus rose et mieux vêtu que ses aînés. Le second, Ignat, était plus brun et de taille plus élevée. Il portait une barbiche en pointe et, quoique chaussé de bottes, vêtu d'une chemise de yamstchik et coiffé d'un chapeau de feutre, il n'avait pas la désinvolture de son frère cadet. L'aîné, Karp, était plus grand qu'Ignat. Avec ses laptis, son vieux caftan, sa chemise très simple de moujik et sa grande barbe rousse, il avait l'air beaucoup plus sérieux, presque morne.

— Ordonnez-vous que mon père vienne, Votre Excellence? demanda Karp en s'approchant du barine qu'il salua gauchement.

— Non, j'irai moi-même au rucher. Je veux voir comment il s'y occupe. Viens, j'ai à causer un peu avec toi, fit Nekhlioudov en s'éloignant un peu pour qu'Ignat ne pût entendre ce qu'il avait à dire à Karp.

L'attitude assurée et quelque peu orgueilleuse du jeune moujik et les renseignements que lui avait donnés sa nourrice faisaient hésiter le barine. Il se sentait embarrassé comme s'il avait eu une faute à avouer et croyait être plus à l'aise pour formuler sa proposition à l'un des deux frères sans que l'autre l'entendit.

Karp parut étonné que le barine voulût le prendre à l'écart; néanmoins, il le suivit.

— Voici ce qu'il y a, dit Nekhlioudov d'un ton hésitant. Je voulais te demander si vous avez beaucoup de chevaux.

— Nous en avons cinq troïkas... Nous avons aussi des poulains, répondit Karp avec insouciance.

— Tes frères conduisent la poste?

— Oui, nous conduisons la poste avec trois troïkas et Iliouchka est voiturier. Il vient de rentrer.

— Est-ce que cela vous rapporte? Combien gagnez-vous à cela?

— Eh! quel gain, Votre Excellence? C'est déjà beau que nous ayons de quoi manger avec nos chevaux.

— Pourquoi ne feriez-vous pas autre chose? Ne pourriez-vous acheter une forêt? ou bien louer de la terre?

— Certainement, Votre Excellence, on pourrait louer de la terre si une occasion se présentait.

— Eh bien, voici ce que je voudrais vous proposer : au lieu de faire le métier de voituriers, qui ne suffit qu'à vous nourrir, louez-moi donc une terre d'une trentaine de déciatines. Je vous donnerai toutes les parcelles qui se trouvent derrière Sapovo.

Vous aurez alors une assez belle propriété.

Nekhlioudov, entraîné par son projet de ferme, auquel il avait maintes fois réfléchi, se mit sans hésitation à expliquer au jeune moujik l'idée dont il était possédé : créer une ferme de moujiks. Karp écoutait attentivement le barine. Celui-ci, quand il eut fini, regarda le jeune homme, attendant une réponse.

— Nous sommes très contents de votre bienveillance, fit Karp. Il n'y a certainement rien de mauvais dans cette proposition. Il convient mieux au moujik de travailler la terre que de manier le knout. Travailler chez des étrangers et voir une grande quantité de gens, cela nous gâte, nous autres. Rien ne vaut la terre pour un moujik.

— Alors, qu'en penses-tu?

— Mais, tant que mon père vit, je n'en

puis rien penser, Votre Excellence. Je dois faire sa volonté.

— Conduis-moi donc au rucher. Je veux lui parler.

— Daignez passer par ici, dit Karp.

Il ouvrit la porte qui conduisait au rucher, s'effaça pour y laisser passer le barine, la referma et revint silencieusement reprendre son travail auprès d'Ignat.

XIV

Nekhlioudov se courba et franchit la porte basse. Le rucher était un petit enclos palissadé, où les ruches étaient symétriquement installées. Çà et là, une abeille enivrée aux chauds rayons d'un soleil d'été tournoyait autour d'une ruche. Un petit sentier battu conduisait de la porte à une petite niche en bois posée sur un socle et dans laquelle une petite icône ornée de métal étincelait au soleil. Quelques jeunes tilleuls ombrageaient de leurs branches frisées les toits de paille de la cour voisine et balançaient leur feuillage d'un vert tendre, leur murmure imperceptible se mêlait au bourdonnement sourd des abeilles. Près du hangar entouré de tilleuls, le crâne chauve du vieux Doutlov luisait au soleil. Ayant entendu le grincement de la petite porte, le vieillard se retourna, essuya du pan de sa blouse la sueur qui inondait son visage tanné par le soleil, et vint à la rencontre du barine en ébauchant un timide sourire.

Tout dans ce rucher semblait léger, joyeux, doux, transparent. Ce petit vieillard courbé, aux rides en rayons autour des yeux, aux pieds nus dans de grands souliers, avait un air si bonhomme, si content, si accueillant que Nekhlioudov en oublia toutes ses mauvaises impressions de la matinée pour ne plus songer qu'à la réalisation de son rêve. Il voyait déjà tous ses paysans aussi riches et aussi bons que le vieux Doutlov: déjà tout le monde lui souriait de la même manière avenante et satisfaite, car c'était à lui seul que tous devaient la richesse et le bonheur.

— Ne voulez-vous pas un masque, Votre Excellence? Les abeilles sont méchantes en ce moment; elles piquent, dit le vieillard en tendant au barine son sac de toile très sale.
— Moi les abeilles me connaissent, elles ne me quittent pas, ajouta-t-il avec le sourire affable qui éclairait sans cesse son visage basané.

— Alors, je n'en ai pas besoin non plus... Eh bien! tes abeilles travaillent-elles, demanda Nekhlioudov en souriant à son tour.

— Elles viennent seulement de commencer comme il faut, petit père Mitri Mikholaïevitch [1], répondit le vieillard, qui témoignait sa sympathie au jeune homme en l'appelant par son nom et celui de son père. Le printemps a été froid, comme vous le savez.

— Oui, j'ai lu dans un livre, commença

1. Dmitri Nikholaïevitch.

Nekhlioudov en chassant une abeille qui s'était posée sur ses cheveux, j'ai lu que si la cire est posée droite dans le rayon, l'abeille produit plus tôt et mieux. Pour cela, on fait des ruches en planches...

— N'agitez pas vos mains, ce sera pis, dit le vieillard. Voulez-vous que je vous donne un masque?

Nekhlioudov souffrait, mais par une sorte d'amour-propre enfantin, il ne voulait pas en convenir. Il parlait au vieillard de la construction des ruches d'après ce qu'il en avait lu dans la *Maison rustique*. Il indiquait telles dispositions moyennant lesquelles, pensait-il, les abeilles pouvaient donner deux fois plus de miel. Mais une abeille le piqua au cou et il s'arrêta au milieu de son discours.

— C'est vrai, mon petit père Mitri Mikholaïevitch, fit le vieux en regardant le barine avec une bienveillance toute paternelle, — il est vrai qu'on dit cela dans les livres. Seulement, comment peut-on faire comprendre à l'abeille qu'elle doit déposer sa cire ici, non là? Elle fait à sa guise. Si vous daigniez regarder, ajouta-t-il en soulevant le chaume d'une ruche.

Nekhlioudov contempla l'intérieur de la ruche. Les parois étaient couverts d'abeilles bourdonnantes qui circulaient dans les rayons disposés irrégulièrement et de biais. Le vieillard apprit au barine comment travaillent les abeilles.

Puis, il referma la ruche, et promenant sa main sur son cou, il recueillit quelques abeilles. Elles ne l'avaient pas piqué. En revanche, Nekhlioudov ne pouvait plus cacher son désir de s'éloigner des ruches. Il était déjà piqué en deux endroits et une nuée d'insectes tourbillonnait autour de sa tête.

— As-tu beaucoup de ruches? demanda-t-il en reculant vers la porte d'entrée.

— Autant que Dieu le permet, répondit Doutlov avec son sourire. — Il ne faut pas les compter; les abeilles n'aiment pas cela... Je voulais vous prier, Votre Excellence, reprit le vieillard en désignant un rucher plus pauvre que le sien et que la clôture de paille seule séparait, — je voulais vous prier de bien vouloir dire au moujik Ossip qu'il agit en mauvais voisin.

— Comment cela?... Aïe! mais elles piquent! dit le barine en saisissant le loquet de la petite porte.

— Voici: Tous les ans, il envoie ses abeilles sur mes jeunes. Alors, les siennes m'enlèvent toute ma cire, fit le vieillard, sans remarquer l'agitation du barine.

— C'est bien... Après... Tout à l'heure, dit Nekhlioudov, incapable de supporter davantage les piqûres. Il franchit la petite porte en courant.

— Frottez-vous un peu avec de la terre ce n'est rien! cria le vieillard en suivant le barine dans la cour.

Le jeune homme frotta ses piqûres avec de ta terre et, jetant un regard furtif sur Karp et Ignat, qui ne faisaient pas attention à lui, il rougit et fronça le sourcil.

XV

— J'ai à demander quelque chose à Votre Excellence pour mes enfants, dit le vieux Doutlov, comme s'il ne remarquait pas l'air mécontent du barine.

— Quoi?

— Si votre bienveillance permettait à mes fils Iliouchka et Ignat de travailler hors du village, avec des troïkas, peut-être gagneraient-ils quelque chose... Ils vous payeraient une redevance.

— C'est précisément de cela que je voulais te parler, dit le barine ainsi ramené à son projet de ferme. Dis-moi, je te prie, est-ce donc plus lucratif de conduire des troïkas que de travailler la terre?

— Certainement, Votre Excellence, dit Ilia. On n'a pas de quoi donner à manger aux chevaux à la maison.

— Bien... Que peux-tu gagner pendant un été?

— Depuis le printemps, bien que le fourrage soit cher, nous sommes allés avec des marchandises à Kiev, à Koursk, puis à Moscou. Eh bien, sans compter ce que nous avons mangé, nous et nos chevaux, nous avons pu rapporter quinze roubles à la maison.

— Eh bien, Votre Excellence, fit le vieillard, — faites-nous donc l'honneur d'entrer dans notre izba. Vous n'y êtes pas venu depuis que nous y avons fêté notre installation.

Et il fit un signe à son fils.

Iliouchka courut à l'izba. Son père et Nekhlioudov l'y suivirent.

XVI

En entrant dans l'izba, le vieillard salua encore une fois le barine, et, essuyant un banc du pan de son caftan, il lui demanda avec son éternel sourire :

— De quoi vais-je vous faire honneur?

L'izba, toute neuve et très vaste, était meublée de bancs et de couchettes de bois. La femme d'Ilia, une jeune paysanne maigre, à la physionomie rêveuse, était assise sur une couchette, balançant un berceau dans lequel dormait un enfant. Ce berceau était suspendu par des cordes attachées aux poutres du plafond. La femme de Karp, robuste baba aux joues rouges, dont les manches, retroussées au-dessus du coude, laissaient voir les bras musculeux et brûlés par le soleil, coupait des oignons dans une écuelle. Une autre baba, au visage marqué de petite vérole, se tenait près du poêle. Les traits tirés de cette femme et l'ampleur de sa taille indiquaient un état de grossesse assez avancé. On sentait, dans la pièce, la bonne odeur du pain fraîchement cuit. Deux petites têtes blondes, celles d'un gamin et d'une fillette, venus là en attendant le dîner, émergeaient d'une couchette et regardaient curieusement le barine.

Nekhlioudov, bien que satisfait de constater cette aisance, se sentait gêné des regards de ces babas et de ces enfants. Il s'assit sur le banc en rougissant.

— Donne-moi un morceau de pain chaud; je l'aime beaucoup, fit-il.

Et il rougit davantage.

La femme de Karp coupa un gros morceau de pain et l'apporta sur une assiette au barine. Tous se taisaient; le vieillard avait toujours son sourire bénin sur les lèvres.

« Pourquoi donc ai-je honte comme si je me sentais des torts envers eux? » se demandait Nekhlioudov. « Pourquoi ne parlerais-je pas de mon projet de ferme?... Quelle sottise! »

Cependant, il se taisait.

— Eh bien, mon petit père Mitri Mikholaïevitch, fit tout à coup le vieux Doutlov, que décidez-vous au sujet de mes enfants?

— Je te conseille de ne point les laisser voyager et de leur trouver de l'occupation ici... Sais-tu ce que je vais te proposer? fit brusquement Nekhlioudov. Achète, de moitié avec moi, une partie des bois dans la forêt de l'État, puis de la terre...

— Comment cela, Votre Excellence? Où prendrons-nous l'argent?

— Eh! c'est une toute petite partie... Deux cents roubles, par exemple, fit observer le barine.

Le vieux eut un sourire mécontent.

— Ce serait très bien si je les avais. Oui, pourquoi n'achèterais-je pas? dit-il.

— Tu ne les as donc pas? demanda le barine d'un ton de reproche.

— Oh! mon petit père, Votre Excellence, répondit le vieillard avec tristesse en examinant la porte. — Je dois nourrir les miens avant de songer à acheter du bois.

— On dit que tu as de l'argent. Pourquoi le laisses-tu sans emploi?

Doutlov parut très ému. Ses yeux brillaient et ses épaules étaient agitées d'un mouvement convulsif.

— Peut-être, ce sont de méchantes gens qui vous ont dit cela, fit-il d'une voix tremblante. Eh bien! aussi vrai que vous croyez en Dieu, ajouta-t-il, de plus en plus agité et jetant les yeux sur l'icône, que je perde la vue, que je m'effondre sur place si je possède autre chose que les quinze roubles rapportés par Iliouchka... Et j'ai à payer l'impôt par âme, vous le savez bien... Puis la construction de l'izba en a mangé, de l'argent...

— C'est bien, c'est bien, dit le barine en se levant. Adieu, patron.

XVII

« Mon Dieu! mon Dieu! se disait Nekhlioudov en regagnant à grands pas la demeure seigneuriale, et en dépouillant d'une main distraite les arbustes qui étendaient leurs branches en travers des allées ombreuses de son jardin. Alors, tous mes rêves sur le but de ma vie étaient vains! Pourquoi donc suis-je triste comme si j'étais mécontent de moi? Je m'imaginais, au contraire, qu'une fois engagé dans la voie choisie par moi, j'éprouverais sans cesse la complète satisfaction morale que je ressentais le jour où ces idées se présentèrent pour la première fois à mon esprit. »

Et, avec une promptitude et une lucidité

extraordinaires, son imagination le rapporta
un an en arrière, à l'heureux moment qu'elle
venait d'évoquer.

Un jour, il s'était levé de grand matin,
à l'heure où tout le monde était encore endormi, et, plein d'une fièvre juvénile, il
était entré, sans but, dans le jardin, puis
dans la forêt. Là, il s'était trouvé en face
de la nature, alors en plein travail de germination. Longtemps, il avait erré sans
pensée, souffrant seulement de ne pouvoir
exprimer le sentiment qui l'oppressait. Tantôt, son imagination lui présentait la voluptueuse image d'une femme, avec tous les
attraits de l'inconnu, et il lui semblait que
c'était là l'objet de son désir inexprimé.
Mais un sentiment supérieur lui disant : « Ce
n'est pas cela », le contraignait à chercher
un autre idéal. Tantôt, son esprit inexpérimenté et ardent s'élevait par degrés insen-

sibles dans les sphères de l'abstraction et semblait découvrir les lois de l'existence des êtres. Et, avec une jouissance orgueilleuse, il s'arrêtait à ces pensées. Mais de nouveau un sentiment supérieur l'avertissait que « ce n'était pas cela » et le poussait à chercher ailleurs. Enfin, il s'étendit sous un arbre, sans pensée et sans désirs, comme il arrive toujours après un travail excessif, et se mit à contempler les légers et transparents nuages qui passaient au-dessus de lui dans le ciel profond, infini.

Tout à coup et sans cause apparente, ses yeux s'emplirent de larmes, et, Dieu sait par quelle voie, une pensée lui vint, qui s'empara de toute son âme. Cette pensée, à laquelle il s'attacha aussitôt avec joie, était celle-ci : l'amour et le bien sont la vérité et le bonheur, la seule vérité et le seul bonheur possibles au monde. Cette fois, la voix inté-

rieure ne lui disait plus : « Ce n'est pas cela !
ce n'est pas cela ! » Il se leva et analysa sa
pensée : « C'est bien cela ! c'est bien cela ! »
répétait-il, plein d'allégresse, en comparant
ses anciennes convictions avec la vérité
nouvelle qu'il croyait avoir découverte.
« Tout ce que je savais, tout ce en quoi
j'avais foi, tout ce que j'aimais n'était
que futilités », se disait-il. « L'amour et
l'abnégation, voilà le seul bonheur qui ne
dépende pas du hasard », se répétait-il en
souriant. « Donc, pour être heureux, je dois
faire le bien. » Et tout son avenir se présenta à lui, non plus d'une manière abstraite,
mais sous une forme très réelle, celle de la
vie de pomestchik.

Il voyait devant lui un immense champ
d'activité pour toute son existence, qu'il consacrerait au bien et qui, par conséquent, lui
donnerait le bonheur. « C'est ici que tu dois

exercer ton activité. Ici, le champ est tout indiqué et tu as un devoir bien défini : Tu as des paysans. Et quelle tâche agréable ! Agir sur ces gens du peuple, si simples, si impressionnables, si neufs. Les débarrasser de leur pauvreté, leur donner l'aisance, leur transmettre cette instruction que, par bonheur, tu possèdes, corriger leurs vices engendrés par l'ignorance et la superstition, les développer moralement et leur apprendre à aimer le bien... Quel radieux avenir ! Et moi qui ferai tout cela en vue de mon propre bonheur et m'approcherai chaque jour davantage du but entrevu, je jouirai de leur reconnaissance. Merveilleux avenir ! Comment n'y ai-je pas songé plus tôt ! »

« Et puis, se disait-il encore, qui m'empêche, moi aussi, de trouver le bonheur dans l'amour d'une femme et la paix dans la vie de famille ? » Son imagination d'adolescent l'entraînait vers des perspectives plus séduisantes encore : « Moi et ma femme que j'aimerai, que j'aimerai comme jamais personne au monde n'aura aimé, nous vivrons au milieu de cette nature champêtre si tranquille et si poétique. Nous aurons des enfants, peut-être avec nous une vieille tante. Nous augmenterons notre amour mutuel de notre amour pour nos enfants; sachant tous les deux que notre but est le bien, nous nous entr'aiderons à la poursuite de ce but. Je donnerai des ordres en maître, je secourrai avec équité, je bâtirai une ferme-modèle, je fonderai des caisses d'épargne et des ateliers. Elle, avec sa jolie petite tête et sa robe blanche si simple, relevée au-dessus de ses jolis petits pieds, elle visitera, à travers la boue, l'école des paysans, l'hôpital, les malheureux, et partout elle soulagera, elle consolera... Les enfants, les vieillards, les babas la vénèreront et la regarderont comme un ange envoyé par la Providence. Puis, au retour, elle me cachera qu'elle est allée chez un pauvre moujik à qui elle aura donné de l'argent ; mais je le saurai, moi ; je saurai tout. Et je la presserai dans mes bras, et je baiserai tendrement, longuement, ses beaux yeux, ses joues empourprées d'une rougeur pudique, ses lèvres souriantes et fraîches. »

. . . .

XVIII

« Où sont ces rêves ? » se demandait à présent le jeune homme, lassé par toutes les visites qu'il venait de faire. « Voilà déjà plus d'un an que je cherche le bonheur dans cette vie. Qu'ai-je trouvé ? Il est vrai que j'ai lieu parfois — cela, je le sens, — d'être content de moi, mais quel vide et que ce contentement est purement cérébral !... Non, à dire vrai, je ne suis pas content de moi. Je suis mécontent parce que je n'ai pas trouvé le bonheur ici ; et pourtant je désire, je désire passionnément le bonheur. Je n'ai éprouvé aucune joie et je me suis privé de tout ce qui aurait pu m'en procurer. Pourquoi ? A quoi bon ? Qui en a profité ?...

Ma tante disait vrai : Il est plus facile de faire son propre bonheur que celui des autres... Mes moujiks sont-ils devenus plus riches? Sont-ils instruits ? Leur être moral s'est-il développé ? Point. Eux ne s'en trouvent pas mieux ; et, à moi, la vie pèse tous les jours davantage. Si j'avais entrevu un succès quelconque à mon entreprise, si on s'était montré seulement reconnaissant de mes efforts... Mais, non, la routine, les vices, la méfiance, l'inertie subsistent, tandis que je gaspille en vain les meilleures années de ma vie. »

Tout à coup, sans savoir pourquoi, il se souvint avoir entendu dire par sa niania [1], que ses voisins l'appelaient « un enfant en retard ». Ils disaient aussi de lui qu'il n'avait plus beaucoup d'argent, que le mou-

---

1. Bonne d'enfants.

lin mécanique qu'il avait acheté ne faisait que siffler, aux grands éclats de rire des moujiks, sans rien moudre, et que l'on devait s'attendre, d'un jour à l'autre, à voir saisir ses biens, ses différentes entreprises l'ayant ruiné. La promenade dans la forêt lui revint à l'esprit, il revécut son rêve, puis sa vie d'étudiant à Moscou et ses conversations nocturnes dans sa chambre, à la lueur d'une bougie, avec l'ami de la seizième année. Pendant cinq heures consécutives, ensemble, ils lisaient d'ennuyeuses notes sur le droit civil; puis, ce travail terminé, ils envoyaient chercher de quoi souper, se cotisaient pour acheter une bouteille de champagne et rêvaient tout haut à l'avenir qui les attendait. Comme ils se le représentaient tout autre, alors! Ils entrevoyaient une existence heureuse, toute militante, et, par la route du succès, ils marchaient à leur propre perfectionnement, et, comme il leur semblait, vers le bien de tous — vers la gloire.

« Il y va! Il marche à grands pas sur cette route ! » se disait Nekhlioudov, en songeant à son ami. « Et moi ! »

Il était en ce moment devant sa maison ; près du perron, se tenaient une douzaine de moujiks et de dvorovis attendant le barine pour lui présenter leurs requêtes. Il sortit de son rêve pour revenir à la réalité.

Dans la foule, une femme échevelée et ensanglantée se plaignait de son père qui avait voulu la tuer. Il y avait aussi deux frères qui, pendant deux ans, avaient partagé leurs biens de moujiks, mais qui, maintenant, se lançaient des regards haineux. Un dvorovi à cheveux gris, auquel son ivrognerie invétérée faisait trembler les mains, avait été amené là par son fils, las de sa conduite irrégulière ; une baba, que son mari avait chassée parce qu'elle n'avait pu travailler de tout le printemps, était assise près du perron et montrait son pied enflé, mal enveloppé d'un torchon sale...

Nekhlioudov, après avoir écouté les doléances des uns, donné des conseils aux autres, opéré des réconciliations, fait des promesses, se réfugia dans sa chambre, accablé sous le poids de la fatigue, de la honte, de son impuissance et de ses regrets.

XIX

La petite chambre occupée par Nekhlioudov était fort simplement meublée d'un vieux divan recouvert de cuir et garni de clous dorés, de quelques fauteuils assortis au divan, d'une table à jeu ouverte, avec incrustations et ornements de cuivre et sur laquelle des papiers étaient entassés. Entre les deux fenêtres était accroché un grand miroir dans un vieux cadre doré. Par terre, près de la table, des papiers, des livres, des notes étaient jetés pêle-mêle. Cette chambre en désordre n'avait pas de caractère et contrastait étrangement avec l'ameublement sévère des autres chambres de la vieille maison seigneuriale.

Nekhlioudov entra dans la chambre, jeta avec colère son chapeau sur la table, s'assit sur une chaise qui se trouvait devant le piano et baissa la tête.

— Est-ce que Votre Excellence veut déjeuner? demanda une vieille servante ridée et maigre, en courbant sa haute taille devant son maître. Elle portait une robe de cotonnade, un grand châle et, sur la tête, un bonnet.

Nekhlioudov se tourna vers elle et lui dit, après un court silence :

— Non, je n'ai pas faim, niania.

Il se replongea dans sa rêverie. La niania hocha la tête d'un air mécontent et soupira.

— Eh! mon petit père, Dmitri Nikolaïevitch, fit-elle. Pourquoi tant vous chagriner? Il y a de pires chagrins que les vôtres... Et, tout passe, mon Dieu!

— Mais, je n'ai pas de chagrin .. Où

prends-tu que j'aie du chagrin, Malania Finoguénovna ? fit Nekhlioudov en s'efforçant de sourire.

— Comment, vous ne vous ennuyez pas !... Mais, ne vois-je pas clair ? dit la niania. Vous prenez tout à cœur et voulez trop faire par vous-même. Vous ne mangez presque rien. Est-ce bien cela ? Si encore vous alliez vous distraire à la ville ou chez les voisins ! Ce n'est point à votre âge qu'on doit se donner tant de soucis à propos de tout.

Et, tutoyant le barine, elle ajouta :

— Excuse-moi, mon petit père, je vais m'asseoir.

— Est-ce que les seigneurs agissent ainsi ? reprit-elle. Cela ne vaut rien. Tu te perds et tes paysans prennent des habitudes d'indépendance trop grandes. Vois comme ils sont : Ils n'apprécient même pas tes bienfaits, crois-moi. Si tu retournais chez ta tante! elle au moins t'a écrit la vérité.

Ces réflexions de la niania avaient accru la tristesse de Nekhlioudov. Inconsciemment, sa main droite se leva de dessus son genou, et, paresseusement, alla frapper le clavier. Un accord se produisit, puis un second, puis un troisième.... Nekhlioudov s'approcha alors tout à fait du piano, ôta son autre main de sa poche et se mit à jouer. Les accords qu'il plaquait étaient improvisés, irréguliers, souvent simples jusqu'à la banalité, ne dénotant, d'ailleurs, aucun talent musical. Telle quelle, cette occupation lui procurait une joie infinie, mélangée de tristesse cependant. A chaque nouvel accord, il attendait, le cœur serré, les sons qui devaient suivre et complétait ensuite l'improvisation. Il lui semblait alors entendre des mélodies par centaines, puis des chœurs, puis un orchestre, le tout en harmonie avec ses pensées. Son imagination surexcitée lui représentait, avec une netteté merveilleuse, les images les plus fantastiques, inextricablement enchevêtrées, de son passé et de son avenir.

Il voyait le profil enflé de Davidka le blanc, puis sa nourrice qui s'en allait, de village en village, recommandant aux moujiks de cacher leur argent aux pomestchiks. Et il répétait inconsciemment : « Oui, il faut cacher l'argent aux pomestchiks. » Il voyait ensuite sa blonde fiancée toute en larmes. Elle s'appuyait sur son épaule en poussant de profonds soupirs. C'était encore Tchouricenok qui regardait de ses yeux bleus si bons son fils unique au ventre énorme, cet enfant lui représentant non-seulement son fils, mais son aide, son sauveur. « Voilà de l'amour, » murmura Nekhlioudov. Il se rappela aussi la mère de Youkhvanka, et l'expression de patience et de mansuétude répandue sur les traits de cette vieille femme, en dépit de la dent qui la défigurait. « Elle a soixante-dix ans. Eh bien! je suis probablement le premier qui ait fait cette remarque. C'est étrange! »

Le jeune homme continuait à promener ses doigts au hasard sur le clavier. En écoutant les sons qu'il produisait, il se rappelait sa fuite du rucher, la figure de Karp et d'Ignat, qui n'osaient rire de lui et se détournaient pour ne rien laisser voir. Ce souvenir le fit rougir, il se retourna malgré lui vers la niania, toujours assise près de la porte. Elle le regardait, silencieuse, en hochant sa tête grise.

Nekhlioudov voyait encore une troïka de chevaux en sueur, conduite par Iliouchka, et, très nettement, la gracieuse silhouette du jeune moujik aux cheveux blonds et bouclés, aux petits yeux bleus et étincelants, au visage rose à peine estompé par un duvet clairsemé sur la lèvre et autour du menton. Il se rappela qu'Iliouchka avait émis la crainte qu'on ne lui laissât pas continuer son métier de voiturier, et les arguments mis en avant en faveur de ce métier qu'il aimait. Il aperçut la grande route humide, par un matin gris et brumeux; et, lentement, s'avançant, une longue file de voitures lourdement chargées et couvertes de grandes toiles d'écorce, marquées d'énormes lettres noires; les chevaux bien repus, aux jambes épaisses, faisaient sonner leurs grelots, tendant les cordes de l'attelage et tirant avec ensemble pour monter la côte. La poste venait à la rencontre de l'oboze [1]; elle descendait la pente avec un grand bruit de clochettes dont l'écho se répercutait au loin

1. File de voitures.

dans la forêt, bordant les deux côtés de la route.

— Aïe! aïe! criait le yamstchik de devant d'une voix claire. Il était coiffé d'un chapeau de feutre orné d'une plaque et brandissait un knout au-dessus de sa tête. Il revoyait Karp avec sa barbe rousse, chaussé d'énormes bottes, marchant morne et lourd, à côté de la première voiture, la jolie tête d'Iliouchka émergeant de la seconde. Les trois troïkas de la poste, chargées de malles, passaient au galop avec un grand bruit de roues, de clochettes et de cris. Iliouchka cachait sa tête sous la toile d'écorce et s'endormait.

Il rêvait encore d'un beau soir d'été. La porte charretière de l'auberge s'ouvrait devant les troïkas poudreuses; les voitures aux toiles d'écorce disparaissaient l'une après l'autre sous le porche, en faisant trépider la planche qui en facilitait l'accès. Iliouchka saluait joyeusement la patronne au visage blanc et rose, à la forte poitrine, qui lui demandait, en regardant le jeune homme avec ses yeux doux et brillants, s'ils venaient de loin et s'ils voulaient souper. Après avoir pris soin des chevaux, il entrait dans une izba pleine de monde où il faisait très chaud; il se signait, s'attablait devant une écuelle de bois pleine de nourriture et causait joyeusement avec la patronne et les compagnons. Puis, c'était la couchée sous un beau ciel étoilé, qu'on apercevait de l'auvent où l'on s'était étendu sur un foin odorant, près des chevaux qui, piétinant, s'ébrouant, tiraient avec bruit leur provende du ratelier. Il se tournait alors vers l'Orient, faisait une trentaine de signes de croix sur sa large poitrine, et, rejetant ses cheveux en arrière, commençait sa prière.

Enfin, il s'enveloppait la tête de son caftan et s'endormait d'un sommeil profond et sain, comme s'endorment les hommes jeunes et robustes. Dans son rêve, il apercevait encore la ville de Kiev, ses saints et sa foule de pèlerins. Il voyait Romen et ses marchandises, Odessa et la lointaine mer bleue couverte de voiles blanches, Constantinople avec ses maisons dorées et ses turques aux poitrines blanches et aux sourcils noirs. Porté par des ailes invisibles, il volait, léger et libre, plus haut, toujours plus haut, voyant au-dessous de lui des villes en or inondées d'une lumière transparente, le ciel infini et ses myriades d'étoiles, la mer bleue et ses voiles blanches, et il savourait la joie de voler plus haut, toujours plus haut.

« Que c'est beau! » murmura Nekhlioudov. Et cette pensée lui vint : « Pourquoi ne suis-je pas Iliouchka! »

DEUXIÈME PARTIE

A L'ÉTRANGER

(*Extraits des notes du prince Nekhlioudov*)

Lucerne, 8 juillet.

Arrivé hier soir à Lucerne, je suis descendu au Schweitzerhof, le meilleur hôtel de la ville.

« Lucerne est une vieille cité cantonale au bord du lac des Quatre-Cantons, » dit de Murray, « un des sites les plus romanesques de la Suisse. Trois voies se croisent en cet endroit et une heure de bateau suffit pour monter au Righi, d'où l'on jouit d'un des plus splendides points de vue qui soient au monde. »

A tort ou à raison, les autres guides ne parlent pas autrement, — ce qui fait affluer à Lucerne des touristes de toutes les nationalités, des Anglais surtout. La magnifique construction moderne du Schweitzerhof mire ses cinq étages dans le lac, à l'endroit même où se dressait jadis un vieux pont couvert, aux quatre coins duquel se trouvait une chapelle, et dont chaque pile était ornée d'une image de saint.

Aujourd'hui, pour complaire aux Anglais, pour satisfaire leur goût, pour empocher leur argent, on a remplacé le vieux pont par un quai droit comme une canne ; on a aligné, sur ce quai, des maisons à cinq étages, hautes, carrées, massives ; on a planté, devant ces maisons, des rangées de jeunes tilleuls soutenus par des tuteurs ; et, comme c'est l'usage, on a espacé, entre ces tilleuls, des petits bancs peints en vert. C'est la promenade sur laquelle les Anglaises abritées sous leurs larges chapeaux de paille suisse, les Anglais vêtus d'habits solides autant que confortables, circulent dans l'admiration de leur œuvre. Ailleurs peut-être ce quai, ces maisons, ces tilleuls, ces Anglais seraient dans leur cadre naturel ; mais ils jurent étrangement au milieu de ce paysage grandiose, d'une inexprimable et reposante harmonie.

Etant monté dans ma chambre, j'ouvris la fenêtre qui donnait sur le lac ; la sévère beauté de cette nappe d'eau, de ces montagnes, de ce ciel, m'impressionna au point que j'en fus profondément remué et, pendant quelques instants, comme ébloui. Une inquiétude secrète m'envahit et un irrésistible besoin d'exprimer, de n'importe quelle manière, les sentiments désordonnés et indéfinissables qui s'agitaient en moi, remplit mon âme. J'aurais voulu étreindre quelqu'un, l'étreindre fortement, le chatouiller, le pincer, faire, en un mot, une extravagance quelconque.

Il était sept heures du soir. Une nuit sereine succédait à une journée pluvieuse. Le lac était bleu comme une flambée de phosphore, çà et là parsemé de points noirs..., c'étaient les bateaux derrière lesquels un sillage élargissait ses scintillements pour aller se perdre dans ce bleu immobile, uni comme un miroir, borné de rives inégales, verdoyantes, et qui s'étendait dans le lointain, se resserrant entre deux rocs contre lesquels il semblait s'appuyer pour s'assombrir peu à peu, puis disparaître au milieu de montagnes entassées dans un chaos gran-

diose de nuages et de glaciers. Au premier
plan, s'apercevaient des rives humides d'un
vert clair, des joncs, des prairies, des jardins, des villas. Plus loin, deux roches d'un
vert sombre élevaient vers le ciel les ruines de deux châteaux. Au fond, un fouillis
montagneux de couleur lilas pâle, dressait
ses sommets fantastiques d'une blancheur
mate, capricieusement découpés. Tout cela
baignait dans une atmosphère tendre et
triomphante, sous un ciel çà et là troué par
les chauds rayons du soleil couchant. Pas
une ligne n'était définie, tout se mouvait
incessamment dans un mélange d'ombres
et de lignes sur le lac, sur les montagnes et
dans le ciel. Et pourtant ce tableau désordonné et fantaisiste, avait une beauté douce
et calme, pleine d'harmonie et de grandeur.

Et dans ce paysage d'une splendeur indéfinissable mais réelle, sous mes yeux, à quelques pas de la fenêtre où je me tenais, droit comme une canne, le quai s'allongeait bêtement, artificiel et faux; et le long du quai, les jeunes tilleuls avec leurs tuteurs et les petits bancs verts s'alignaient, œuvres humaines, pauvres et banales, refusant de se fondre dans l'harmonie du décor et formant avec les villas et les ruines du lointain un grossier et choquant contraste. Malgré moi, mon regard ne cessait de se heurter à cette horrible ligne droite que, sans cesse, ma pensée s'efforçait d'écarter, comme on s'efforce de ne point voir la tache noire qui est sur le coin de votre nez, à portée de votre regard. Mais ce quai, sur lequel des Anglais allaient et venaient, restait immobile et je cherchais involontairement un endroit d'où je ne pusse le voir. Je m'exerçai si bien que je parvins à le découvrir et que je demeurai à la fenêtre, jusqu'à l'heure du dîner, à me délecter dans cette joie incomplète, mais d'autant plus douce, qu'on ressent à la contemplation solitaire des beautés de la nature.

A sept heures et demie, on m'appela pour le dîner. Dans une grande salle du rez-de-chaussée, magnifiquement meublée, étaient dressées deux grandes tables autour desquelles une centaine de personnes pouvaient prendre place. Pendant environ trois minutes, ce ne furent qu'allées et venues silencieuses pour la réunion des convives. A peine entendait-on le frôlement des robes, le bruit étouffé des pas, les chuchotements avec les kelleners, très polis et d'une suprême élégance ; puis, en face des couverts, des femmes et des hommes, richement vêtus, et d'une extrême propreté, prirent place, attendant qu'on servît. Comme généralement, en Suisse, la majorité des voyageurs se composant d'Anglais, la caractéristique de ces tables d'hôte est une correction parfaite, ayant pour base, non l'orgueil, mais le peu de besoin qu'éprouvent ces gens de se lier, et le plaisir de s'isoler dans les satisfactions qu'offre le confortable le plus complet et le plus agréable.

Partout, on ne voyait que dentelles blanches, cols blancs, dents vraies ou fausses, mais blanches ; blancs et nets également étaient les visages et les mains. Mais ces visages pour la plupart sont réguliers et n'expriment que la conscience du bien-être et la plus complète indifférence à l'égard de tout ce qui ne se rapporte pas à eux-mêmes ; mais ces mains blanches, chargées de bagues et à demi-couvertes par de transparentes mitaines, ne se meuvent que pour rectifier un détail de toilette, couper de la viande ou verser du vin : aucune émotion intérieure ne se trahit dans ces mouvements. Les membres d'une même famille se bornent à échanger de temps en temps, à voix basse, quelques réflexions au sujet de tel plat ou de tel vin, ou bien encore sur la vue du Righi. Les voyageurs seuls se tiennent silencieux et ne se regardent même pas entre eux. Si parfois, sur ces cent personnes, deux se prennent à causer, ce n'est que du temps qu'il fait ou de l'ascension du Righi.

Les couteaux et les fourchettes se meuvent sans bruit sur les assiettes ; on prend peu de nourriture à la fois et les petits pois se piquent à la fourchette. Involontairement les kelleners se mettent à l'unisson de ce quasi-silence, et c'est d'une voix étouffée qu'ils demandent aux hôtes quel vin ils désirent boire. J'éprouve toujours un pénible et désagréable sentiment de tristesse quand j'assiste à ces sortes de repas ; il me semble chaque fois que j'ai commis quelque faute et que j'en suis puni, comme lorsque, dans mon enfance, on m'isolait sur une chaise en me disant ironiquement : « Repose-toi, mon cher », tandis que mon jeune sang bouillonnait dans mes veines, et que j'entendais les cris joyeux de mes frères jouant dans la chambre voisine.

J'avais d'abord essayé de secouer l'oppression que je ressentais à ces repas, mais mes efforts avaient été vains. Ces visages mornes exerçaient sur moi une influence irrésistible et je finissais par devenir aussi terne. Je ne disais rien, je ne pensais pas, j'avais perdu jusqu'à la faculté d'observer. J'essayai de converser avec mes voisins; mais, sauf des phrases répétées cent mille fois par la même personne et, pour la cent millième fois, à la même place, je ne recevais pas de réponse. Pourtant, tout ce monde n'était pas insensible et bête. Il est certain que ces gens glacés et corrects avaient comme moi une vie intime; pour beaucoup d'entre eux, même, cette vie était plus compliquée et plus intéressante que la mienne. Pourquoi donc se privaient-ils d'un des plus vifs plaisirs, celui de communiquer avec son semblable, plaisir humain par excellence!

Quelle différence avec notre pension parisienne, où vingt hommes de nationalité, de profession et de caractère différents, sous l'influence de l'esprit français, si communicatif, prenaient plaisir à se trouver réunis à une table commune! Dès la première minute, la conversation s'engageait d'un bout de la table à l'autre; et, bien que quelques-uns parlassent difficilement, la causerie, semée de plaisanteries et de jeux de mots, ne tardait pas à devenir générale.

Là, chacun, sans se soucier du qu'en dira-t-on, disait ce qui lui passait par la tête. Nous avions notre philosophe, notre orateur, notre « bel esprit » [1], et, jusqu'à notre plastron. Le dîner fini, nous rangions la table contre le mur, et, sans nous inquiéter de la mesure, nous dansions la polka sur le tapis poussiéreux jusqu'à une heure avancée de la nuit.

Bien que soigneux de nos personnes, coquets même, nous ne cherchions à être ni trop respectables ni trop spirituels. Nous étions des gens comme tout le monde, et nous vivions comme vit tout le monde. Entre la comtesse espagnole aux aventures romanesques, l'abbé italien qui, après le dîner, nous récitait la *Divine Comédie*, le médecin américain qui avait ses entrées aux Tuileries, le jeune auteur dramatique aux

---

1. En français dans le texte.

long cheveux, le pianiste, auteur d'une polka sans pareille, du moins il l'affirmait, et la jolie veuve éplorée portant trois bagues à chaque doigt, les relations, quoique superficielles, étaient cordiales, sympathiques et nous emportions les uns des autres des souvenirs soit légers, soit durables, dans tous les cas, sincères.

En contemplant à la table d'hôte des Anglais, ces dentelles, ces rubans, ces bagues, ces cheveux lissés avec soin, ces robes de soie, je me disais : « Combien de jeunes femmes, sans cela, seraient heureuses et rendraient heureux les autres ! Combien d'amis et d'amants sont là, l'un coudoyant l'autre, et ne s'en doutant pas. Dieu sait pourquoi ! ils l'ignoreront toujours, ce bonheur à leur portée, et ne se le donneront jamais, bien que le désirant ardemment !

Je me sentis triste, comme il m'arrive toujours après ces sortes de dîners; sans vouloir achever mon dessert, je me levai et sortis pour flâner, espérant fuir la mélancolie. J'errai par de petites rues étroites, sales, obscures. Des boutiquiers fermaient leurs volets, des ouvriers ivres, des porteurs d'eau, des dames en chapeau, rasant de près les murs, me croisèrent sans m'intéresser. Loin de se dissiper, ma tristesse s'accrut. La nuit était complètement venue, quand j'arrivai près de l'hôtel, sans regarder autour de moi, sans penser à rien, sinon que le sommeil aurait sans doute raison de l'état d'esprit où je me trouvais. J'éprouvais cette sensation de froid moral qu'on ressent quand on se trouve seul dans un pays inconnu.

Je longeai le quai, les yeux à terre, désireux de regagner au plus tôt le Schweitzerhof. Tout à coup des sons étranges, mais infiniment doux et suaves, frappèrent mon oreille. Ils agissaient sur moi comme un rafraîchissement, comme si une lumière brillante et gaie soudain avait envahi mon âme ténébreuse : je me sentais tout autre. Mon attention engourdie, se réveillant, se porta sur les objets qui m'environnaient, et la beauté sévère du lac, qui m'avait laissé jusque-là indifférent, se révéla à moi comme par enchantement. Involontairement, je fus frappé par la douceur triste du ciel qu'éclairait la lune montant à l'horizon, par l'immobilité du lac sombre dans les eaux duquel se reflétaient les lumières de la rive, par la ligne fuyante des montagnes qui disparaissaient à demi dans la brume lointaine, par le croassement des grenouilles de Frœschenbourg, par le frais sifflement léger des cailles nichées sur l'autre berge.

Directement, en face de moi, à l'endroit

d'où partaient les sons qui m'avaient ravi et qui, pour cette raison, plus particulièrement, appelait mon attention, j'aperçus dans la pénombre, au milieu de la rue, une foule de gens rangés en demi-cercle, à quelque distance d'un petit homme vêtu de noir. Derrière la foule et le petit homme, les arbres noirs du jardin se découpaient sur le ciel bleu sillonné çà et là de nuages [sombres; près de là, les flèches sévères des tours de la vieille cathédrale s'élevaient majestueuses dans les airs.

Je m'approchai, les sons devenaient plus distincts. Des accords harmonieux et pleins ondulaient doucement dans la brise du soir, semblables à des voix qui se répondraient en s'interrompant, sans thème défini. Ou bien, c'étaient des notes éclatantes, une mélodie vague, indécise, bientôt suivie d'un chant au thème, cette fois, franchement accusé. Ce thème gracieux et léger, était sur un rythme de mazurka. Tantôt les voix semblaient se rapprocher, tantôt elles semblaient s'éloigner; tantôt dominait une voix de ténor, tantôt une voix de basse ; puis, soudain, une tyrolienne éclatait en fusées ou se modulait en roucoulements.

Ce n'était pas une chanson, mais l'esquisse à la fois légère et magistrale d'une chanson. Je ne cherchais, d'ailleurs, pas à comprendre ce que c'était, j'étais charmé : les accords discrètement voluptueux de la guitare, cette vive et ravissante mélodie, la silhouette isolée du petit homme brun dans ce cadre magique du lac sombre, la lune aux rayons tamisés à travers le feuillage des grands arbres noirs, les deux flèches qui se dressaient audacieusement, tout cela était étrange, mais d'une inexprimable beauté : telle fut, du moins, mon impression. Un monde de sensations vagues, inconscientes, confuses jusque-là, eurent tout à coup pour moi une signification.

Une fleur fraîche et odorante semblait s'être épanouie dans mon âme ; à la fatigue, à l'inattention, à l'indifférence de toute chose qui était encore en moi un instant auparavant, succédaient, sans transition apparente, une soif d'amour, un espoir confiant, une joie inexpliquée de me sentir vivre. Que vouloir? Que dire ? Telle fut la pensée qui se présenta à mon esprit pour en chasser toutes les autres. « Quoi? La beauté de la poésie. Respire-la par grandes effluves, pénètre-t'en de toutes tes forces, jouis-en... Que veux-tu de plus ? Tout est à toi, tout le bonheur... »

Je me rapprochai du petit homme qui me parut être un tyrolien, un chanteur ambulant. Il se tenait sous les fenêtres de l'hôtel, le pied en avant, la tête renversée en arrière ; grattant sa guitare, il chantait avec des inflexions différentes une gracieuse chanson. Je ressentis pour lui comme des élans de reconnaissance et de sympathie pour la transformation qu'il avait tout à coup aidé à se produire en moi.

Autant que je pus distinguer, le chanteur était vêtu d'une vieille redingote noire, une vieille casquette très simple couvrait en partie ses cheveux bruns et courts. Rien d'artistique dans ce costume ; mais la pose assurée, les mouvements aisés, empreints d'une gaîté enfantine qu'accentuait encore la petite taille de l'artiste, donnaient à sa silhouette quelque chose de touchant et de réjouissant tout à la fois.

Dans le vestibule, aux fenêtres, sur le balcon de l'hôtel, se tenaient des dames richement parées et des messieurs dont on apercevait le linge très blanc ; les portiers de l'hôtel et les laquais en livrée galonnée s'étaient mêlés à la foule et plus loin, sur le boulevard, entre les jeunes tilleuls, des kelleners élégamment vêtus, causaient avec des cuisiniers en vestes et en bonnets d'un blanc immaculé, tandis que des jeunes filles se promenaient par petits groupes enlacés. Tous semblaient subir le charme qui me retenait ; tous se tenaient silencieux autour du chanteur, l'écoutant avidement. Et même, quand il se taisait, on n'entendait que le bruit assourdi des pas de promeneurs sur le sable, auquel parfois se mêlaient les roulades égrenées en fragments isolés des grenouilles de Frœschenbourg, coupé de ci et de là par le sifflet gras et monosyllabique des cailles.

Le petit homme continuait à lancer ses vocalises, comme un rossignol, couplet par couplet, chanson par chanson, dans l'obscurité croissante. Bien que je me fusse placé tout à fait près de lui, son chant ne cessait pas de me causer le plus vif plaisir. Sa voix flûtée était extrêmement agréable ; la douceur, le goût et le sentiment de la mesure qui l'animaient étaient extraordinaires et décelaient un véritable don naturel. Le refrain de chaque couplet était agrémenté de modulations différentes, et l'on sentait que ces variations improvisées ne coûtaient à leur auteur aucun effort.

Rompant par instant le silence, un murmure approbatif courait dans la foule ou tombait des fenêtres et du balcon de l'hôtel. Aux fenêtres largement éclairées, les messieurs et les dames s'entassaient dans des poses étudiées de portraits. Dès que le chant reprenait, les groupes du boulevard s'arrêtaient net. Près de moi, fumant leur cigare, quelques cuisiniers et laquais, vrais aristocrates, affectaient de ne pas se mêler à la foule. Les cuisiniers appréciaient vivement le charme de cette musique, et, à chaque note de fausset, hochaient la tête en signe d'étonnement et d'admiration, puis ils poussaient les laquais du coude comme pour leur dire : « Comme il chante bien, hein! » Les laquais répondaient par un sourire dédaigneux, un mouvement des épaules, une mimique enfin dont la signification pouvait se traduire ainsi : « Il ne sera pas facile de nous étonner ! Nous en avons entendu bien d'autres ! »

Entre deux chansons, tandis que le chanteur toussotait, je demandai aux laquais qui il était et s'il venait souvent chanter en cet endroit.

— Oui, deux fois par été, me répondit l'un d'eux. Il est du canton d'Argovie. C'est un mendiant!...

— Est-ce qu'il y en a beaucoup qui voyagent ainsi ?

— Oui, oui, fit le laquais sans avoir compris ma question. Puis, il réfléchit un instant et ajouta : Oh! non, ici, je n'ai jamais vu que lui, il n'y en a pas d'autre.

Lorsque le petit homme eut achevé son premier répertoire, il retourna vivement sa guitare et prononça quelques paroles en patois allemand, que je ne pus comprendre et qui provoquèrent une hilarité générale.

— Que dit-il? demandai-je.

—Il dit qu'il a le gosier sec et qu'il boirait volontiers du vin, répondit le laquais auquel je m'adressais.

— Eh quoi! il aime à boire?

— Tous les hommes sont ainsi, dit le laquais, avec un sourire qu'il souligna d'un geste expressif.

Le chanteur ôta sa casquette, agita sa

guitare et, s'approchant de la maison, leva la tête et s'adressa aux messieurs et aux dames qui se pressaient aux fenêtres et sur le balcon.

— Messieurs et mesdames, dit-il, avec un accent moitié italien moitié allemand et en prenant le ton du bateleur, si vous croyez que je gagne quelque chose, vous vous trompez; je ne suis qu'un pauvre *tiaple*.

Il se tut et attendit un instant. Mais comme personne ne lui donnait rien, il agita de nouveau sa guitare et dit :

— A présent, messieurs et mesdames, je vais vous chanter la chanson du Righi.

En haut, le public gardait le silence, attendant la chanson promise. En bas, dans la foule, on riait du baragouin du chanteur et aussi de ce que personne ne lui avait rien donné. Je lui jetai quelques centimes qu'il passa habilement d'une main dans l'autre pour les glisser ensuite dans la poche de son gilet. Il remit sa casquette et entonna la tyrolienne, qu'il appelait l'air du Righi.

Cette chanson, qu'il gardait pour la fin, était encore plus jolie que les précédentes, aussi obtint-elle des bravos unanimes.

Quand il eut fini, il agita de nouveau sa guitare, ôta sa casquette qu'il posa à deux pas devant lui et répéta sa phrase : « Messieurs et mesdames, si vous croyez que je gagne quelque chose... » — Elle était pour lui, selon toute évidence, le comble de l'esprit et de l'habileté, — malgré cela, je lisais, cette fois, dans sa voix et dans ses gestes, une indécision et une timidité que sa petite taille rendait encore plus frappante. Le public élégant, dont les lumières de l'hôtel éclairaient vivement les riches parures, gardait son attitude de convention.

Quelques messieurs parlaient du chanteur d'une voix posée et convenable, tandis que celui-ci leur tendait sa main ouverte.

D'autres messieurs regardaient curieusement cette petite silhouette noire. Un rire sonore et frais de jeune fille s'éleva du balcon. Dans la foule, les rires se mêlaient aux conversations. Pour la troisième fois, le petit chanteur répéta sa phrase, mais d'une voix faible et hésitante. Il ne la termina pas, tendit encore une fois sa casquette à la ronde et l'abaissa presque aussitôt avec un geste découragé. Et pas un de tous ces hommes, réunis là pour l'entendre, pas un ne lui jeta son obole. La foule impitoyable éclata d'un grand éclat de rire. Le petit homme en semblait plus petit encore. Il agita sa guitare d'une main, de l'autre salua avec sa casquette et dit :

— Messieurs et mesdames, je vous remercie et je vous souhaite une bonne nuit.

Les fenêtres et le balcon, peu à peu, se dégarnirent, les personnes qui restaient causaient tranquillement. La promenade, interrompue par le tyrolien, reprit sur le boulevard qui s'anima de nouveau. Quelques hommes étaient restés à leur place et regardaient le chanteur de loin, en ricanant. Je l'entendis marmotter quelques paroles ; puis sa silhouette s'éloigna, diminuant au fur et à mesure qu'elle avançait plus rapidement dans la direction de la ville.

Les promeneurs, égayés par son désappointement visible, le suivirent à distance.

J'étais absolument stupéfait. Je ne pouvais comprendre ce que tout cela voulait dire, et je regardais avec un étonnement profond ce petit homme que poursuivaient les huées de la foule. Une amertume douloureuse s'empara de moi, mêlée de honte pour le petit homme, pour cette foule et pour moi-même, comme si j'eusse demandé de l'argent, qu'on m'en eût refusé et qu'on se fût ensuite moqué de moi. Sans me détourner, je me dirigeai à grand pas vers la porte d'entrée de Schweitzerhof. Je ne me rendais pas encore compte de ce que j'éprouvais ; mais un sentiment pénible d'oppression envahissait mon âme.

Sur le perron de l'hôtel, éclairé comme en plein jour, je rencontrai le portier, qui s'effaça pour me laisser passer ; puis une famille anglaise. Le chef de cette famille était un homme de haute taille et de forte corpulence ; sa tête, encadrée de favoris bruns, taillés à l'anglaise, était coiffée d'un chapeau noir. Il marchait d'un pas nonchalant, tenant sous son bras gauche celui d'une dame en robe de soie crême et en bonnet à rubans éclatants, orné de riches dentelles. Il portait un plaid sous son bras gauche et tenait à la main une canne de prix. Une jolie et fraîche jeune fille, coiffée d'un gracieux chapeau de paille suisse, à plume mousquetaire, qui laissait échapper de longues et soyeuses boucles blondes, marchait à côté d'eux. En avant, courait une fillette rose d'une dizaine d'années, dont les genoux ronds et blancs sortaient d'un fouillis de dentelles.

— Charmante nuit, disait la dame d'une voix douce et satisfaite, au moment où je passais près du groupe.

— Ou-i, mugit l'Anglais, heureux de vivre, au point qu'il n'éprouvait même pas le besoin de parler.

A voir leur quiétude, l'indolence de leurs mouvements, l'indifférence que leur visage exprimait pour tout ce qui n'était pas eux, on les sentait pénétrés du sentiment que cela devait être ainsi et non autrement, que le portier poli, le lit propre et doux étaient faits pour eux seuls. Cela me frappa et je ne pus me défendre de les comparer au chanteur ambulant, fatigué, affamé, qui se sauvait, plein de honte, devant la foule railleuse, et je compris ce qui pesait sur mon cœur comme une lourde pierre, et j'éprouvai un inexprimable sentiment de colère contre ces gens. Avec satisfaction, je passai deux fois à côté de l'Anglais, en affectant à chaque fois de ne point m'écarter et de le heurter du coude. Puis, je descendis le perron et je courus dans la nuit, vers la ville, avec l'idée de rejoindre notre virtuose.

Je rencontrai un groupe de trois hommes et leur demandai où était le chanteur. Ils me le montrèrent au loin, en riant. Il marchait seul à grands pas, personne ne l'approchait; il me sembla qu'il marmottait quelque chose entre ses dents.

Lorsque je fus près de lui, je lui proposai d'aller ensemble boire une bouteille de vin. Tout en maugréant, il continuait sa marche précipitée. Enfin, il se tourna vers moi et me montra son visage mécontent. Mais quand il eût compris de quoi il s'agissait, il s'arrêta.

— Eh bien, je ne refuse pas, puisque vous avez cette bonté, dit-il. Il y a précisément un petit café tout près d'ici. Nous pouvons y aller, il est très simple.

Et il me montra un cabaret encore ouvert.

Ces mots : « il est simple » me suggérèrent la pensée involontaire de ne point le conduire là, mais au Schweitzerhof, au milieu des gens qui avaient écouté ses chansons. Bien qu'il refusât timidement et d'une voix émue d'aller au Schweitzerhof, qu'il trouvait trop somptueux, j'insistai tellement que, reprenant son air déluré et agitant gaiement sa guitare, il se décida à m'accompagner sur le quai. Quelques oisifs s'étaient rapprochés en me voyant aborder le chanteur, pour écouter sans doute ce que je voulais lui dire. Ils nous suivirent jusqu'au perron de l'hôtel, espérant quelques nouvelles chansons.

Je demandai une bouteille de vin au kellener que je rencontrai dans le vestibule. Ce garçon nous regarda avec un sourire et partit en courant, sans me répondre. Le maître d'hôtel, auquel je m'adressai ensuite, m'écouta d'un air sérieux, et, après avoir examiné le tyrolien de la tête aux pieds, ordonna sévèrement au portier de nous conduire dans le salon à gauche. Le salon à gauche servait de buvette pour les gens du peuple. Dans un coin de cette salle, meublée seulement de quelques tables et de bancs de bois blancs, une servante bossue lavait la vaisselle. Le kellener qui vint pour nous servir, nous regarda avec un sourire de douce moquerie, et, les mains dans ses poches, se mit à bavarder avec la servante. Il s'efforçait visiblement de nous faire remarquer que, se sentant très supérieur au chanteur par sa position sociale, il n'était pas froissé mais amusé de nous servir.

— Vous voulez du vin ordinaire, dit-il, d'un ton de connaisseur, en me désignant mon compagnon d'un clignement d'yeux et en passant sa serviette d'une main à l'autre.

— Du champagne et du meilleur, fis-je, en prenant mon air le plus important et le plus majestueux.

Mais, ni le champagne ni mon attitude hautaine n'influencèrent le valet. Il sourit, resta quelques instants à nous regarder, tira sa montre en or, la remit dans son gousset et sortit sans se presser. Il revint peu après, avec le champagne, suivi de deux autres kellners.

Ceux-ci s'assirent près de la laveuse de vaisselle et nous regardèrent avec la joyeuse condescendance de parents qui contemplent leurs enfants en train de commettre quelque espièglerie. Seule, la bossue nous regardait avec une sympathie exempte de raillerie. Quoique les regards de ces laquais m'impressionnassent d'une très désagréable manière, je pris l'air le plus dégagé pour faire boire le chanteur et entamer la conversation avec lui. Je pus alors l'examiner plus complètement à la lumière. C'était un tout petit bonhomme, très bien proportionné, trapu, presque un nain; ses cheveux étaient courts, durs et noirs, ses grands yeux étaient bruns, humides, dépourvu de cils, et sa bouche d'un dessin très pur, se plissait aux coins. Il portait de petits favoris noirs, très courts. Ses vêtements, malpropres et en loques, son visage basané lui donnaient l'air d'un homme de peine. On l'eût pris, en réalité, plutôt pour un pauvre que pour un artiste, sans un je ne sais quoi d'original et de touchant qui se lisait dans ses yeux humides et brillants et dans les coins plissés de sa bouche. A première vue, on eût pu lui donner indifféremment vingt-cinq ou quarante ans. En réalité, il en avait trente-huit.

Voici ce qu'il m'apprit sur sa vie, et j'ai tout lieu de croire qu'il était sincère, tant il mettait à son récit de simplicité émue. Il était du canton d'Argovie. Dans son enfance, il perdit son père et sa mère. Il n'avait pas d'autres parents et ne possédait rien. Il apprit le métier d'ébéniste, mais à vingt-deux ans une carie de l'os du poignet droit le rendit impropre à tout travail. Dès son enfance, il avait pris l'habitude de chanter, et les étrangers lui avaient parfois donné de l'argent pour l'entendre. Il chanta désormais et fit de son art son unique profession. Il avait acheté une guitare et, depuis dix-huit ans, il voyageait en Suisse et en Italie, gagnant sa vie à chanter devant les hôtels. Tout son bagage consistait en une guitare et une bourse où il logeait pour le moment une trentaine de sous qu'il devrait donner le soir même pour son souper et son lit à l'auberge. Dix-huit fois de suite il avait passé par les meilleurs endroits, c'est-à-dire par les lieux les plus fréquentés de la Suisse : Zurich, Lucerne, Interlaken, Chamounix, etc. Il passait ensuite en Italie par le Saint-Bernard et revenait par le Saint-Gothard ou à travers la Savoie. En ce moment, il éprouvait de la difficulté à marcher, à cause d'un réfroidissement qu'il avait pris; il ressentait un malaise dans les jambes, un *gliederzucht*[1], disait-il qui chaque année augmentait; chaque année aussi ses yeux et sa voix allaient s'affaiblissant. Malgré cela il allait, de ce pas, à Interlaken; puis de là il se dirigerait vers Aix-les-Bains et, par le petit Saint-Bernard, il gagnerait l'Italie, qu'il affectionnait tout particulièrement. En somme, il semblait satisfait de son sort. Quand je lui demandai pourquoi il revenait dans son pays et s'il y avait encore des parents, une maison, un lopin de terre, la bouche se plissa dans une sorte de sourire et il me répondit :

— Oui, le sucre est bon; il est doux pour les enfants.

Je n'avais pas compris. Les domestiques éclatèrent de rire.

[1]. Sans doute : *Gliederschmerz*, douleur rhumatismale. — (N. du Trad.).

— Si j'avais quelque chose, marcherais-je comme je le fais? reprit-il. Je vais dans mon pays, parce que quelque chose m'y attire.

Et, avec un sourire fin, il répéta sa phrase:
— Oui, le sucre est bon.

Les laquais, très égayés de la réflexion du chanteur, riaient à gorge déployée. La bossue ne riait pas; elle regardait le petit bonhomme de ses grands yeux doux; très sérieuse, elle alla ramasser le chapeau qu'il avait laissé tomber pendant la conversation et le lui tendit. J'avais souvent observé que les chanteurs ambulants, les acrobates et même les faiseurs de tours aiment à se dire artistes; pour complaire à mon compagnon, je lui donnai ce qualificatif à plusieurs reprises. Mais il ne l'accepta pas, regardant le métier qu'il faisait comme un simple gagne-pain. Quand je demandai s'il composait lui-même ses chansons, il s'étonna de ma question, qu'il trouvait étrange, et me répondit qu'il était certainement incapable de cela. Ce qu'il chantait, c'étaient de vieilles chansons du Tyrol.

— Cependant la chanson du Righi n'est pas ancienne, lui fis-je observer.

— En effet, il n'y a pas plus de quinze ans qu'elle a été chantée pour la première fois. C'est un garçon de Bâle, un Allemand très intelligent qui l'a composée. Magnifique chanson! C'est pour des voyageurs, voyez-vous, qu'il l'a composée.

Et il se mit à me traduire en français cette chanson du Righi, qui lui plaisait tant :

  Si tu veux aller au Righi,
 Il ne faut pas de souliers jusqu'à Vegis
  (Car on y va en bateau).
  Et, de Vegis, prend un grand bâton,
 Et sous ton bras prends une jeune fille,
  Entre pour boire un verre de vin,
  Seulement ne bois pas trop,
  Car celui qui veut boire,
  Doit le mériter d'abord...

— Oui, une magnifique chanson, déclara-t-il quand il eut fini.

Cette chanson était sans doute aussi du goût des laquais, car ils s'étaient rapprochés de nous.

— Et la musique, demandai-je, qui l'a composée?

— Personne. C'est comme ça, vous savez. Pour chanter devant les étrangers, il faut queïque chose de neuf.

Quand la glace fut apportée, je versai du Champagne à mon compagnon. Il se sentait mal à l'aise, son attitude le montrait clairement, car il se démenait sur son banc en regardant les domestiques. Nous trinquâmes à la santé des artistes. Il but un demi-verre, après quoi il crut bon de prendre une pose mélancolique et rêveuse et se mit à froncer ses sourcils d'un air profond.

— Il y a longtemps que je n'ai bu de pareil vin. Je ne vous dis que ça... En Italie, le vin d'Asti est bon, mais celui-ci est encore meilleur... Ah! l'Italie... Qu'on est bien là!

— Oui, là on sait apprécier la musique et les artistes, fis-je pour le ramener à son insuccès du Schweitzerhof.

— Non, répondit-il. Là, je ne procure de plaisir à personne. Les Italiens sont eux-mêmes des musiciens comme il n'y en a pas au monde. Je ne leur chante que des tyroliennes, ce qui est pour eux une nouveauté.

— Eh bien, et les riches? sont-ils plus généreux là-bas qu'ici? repris-je en m'efforçant de l'amener à partager ma colère contre les hôtes de Schweitzerhof. — En Italie, il ne se passerait pas ce qui s'est passé ici ce soir, dans ce grand hôtel où ne logent que des gens riches: cent personnes écoutant un artiste et ne lui donnant rien!...

Ma question produisit un tout autre effet.

que celui que j'en attendais. Mon hôte ne pensait pas même à s'indigner. Au contraire je crus remarquer qu'il ne s'en prenait qu'à son talent, qui n'avait pas su mériter de récompense. car il s'efforça à se justifier à mes yeux.

— Il ne faut pas toujours compter sur l'argent, me dit-il. Parfois la voix manque, on est fatigué. Ainsi, aujourd'hui, j'ai marché pendant neuf heures de suite et j'ai chanté presque toute la journée. C'est très dur! Ces beaux messieurs ne veulent pas toujours entendre mes tyroliennes.

— Comment peut-on ne rien donner! m'écrai-je.

Il ne comprit pas ma remarque.

— Ce n'est pas encore cela, dit-il. Le pire est qu'on est très surveillé par la police : voilà la grande affaire! Ici, d'après leurs lois républicaines, il n'est pas permis de chanter. En Italie, vous pouvez aller où vous voulez, personne ne vous dit un mot. Ici, si on vous autorise, cela va bien ; dans le cas contraire, on peut vous mettre en prison.

— Comment! Est-ce possible?

— Oui, si, après avoir reçu un premier avertissement, vous persistez à chanter, en prison! J'y ai passé trois mois déjà, ajouta-t-il en souriant, comme s'il se fût remémoré un des souvenirs les plus agréables de sa vie.

— Mais c'est terrible, fis-je. Pourquoi donc est-ce ainsi?

— C'est ainsi d'après les nouvelles lois républicaines, déclara-t-il d'un ton animé. Ils ne veulent pas comprendre qu'un pauvre diable vive d'une manière ou d'une autre. Si je n'étais pas estropié, je travaillerais. Mais je ne puis que chanter, est-ce que je nuis à quelqu'un? Jugez donc! Les riches vivent comme ils l'entendent, mais un pauvre *tiaple* comme moi n'a pas le droit de vivre, lui! Sont-ce là des lois républicaines? S'il en est ainsi, nous ne voulons pas de République, n'est-ce pas, monsieur, nous ne voulons pas de République? Mais nous voulons... Nous voulons simplement... Nous voulons...

Il s'embarrassait dans son discours.

— Nous voulons des lois naturelles, dit-il n.

J'emplis de nouveau son verre.

— Vous ne buvez pas, lui dis-je.

Il prit le verre et me salua.

— Je sais ce que vous voulez, fit-il, en clignant de l'œil, et en me menaçant malicieusement du doigt. Vous voulez me griser pour voir ce qui m'arrivera. Mais vous n'y réussirez pas.

— Pourquoi voudrais-je vous griser? Je veux simplement vous faire plaisir.

Il me parut très affecté d'avoir si mal interprété mon intention. Il se leva tout confus et me pressa le coude.

— Non, dit-il d'un ton suppliant en me regardant de ses yeux humides, j'ai voulu seulement plaisanter.

Et il se perdit dans une longue phrase qui signifiait au fond que j'étais un bon garçon.

— *Je ne vous dis que ça!* conclut-il en français.

Nous continuâmes de la sorte à boire et à causer. Sans la moindre gêne, les domestiques continuaient à nous regarder et semblaient même se moquer de nous. Malgré l'intérêt que je prenais à la conversation, je ne pouvais m'empêcher de remarquer leur attitude et j'avoue qu'elle m'irritait de plus en plus. L'un d'eux se leva, s'approcha du petit homme, lui regarda le sommet de la tête et sourit. J'avais déjà amassé toute une provision de colère contre les gens du Schweitzerhof, colère que je n'avais pu déverser jusque-là sur personne. Les provocations de ces laquais me surexcitèrent au plus haut degré.

En ce moment, le portier entra dans la salle. Sans ôter sa casquette, il vint s'asseoir à côté de moi et s'accouda sur la table. Cette dernière audace, qui froissait directement mon amour-propre, me mit hors de moi et provoqua l'explosion de colère qui se préparait depuis le commencement de la soirée. Pourquoi, quand je passais seul sur le perron, me saluait-il si humblement? Pourquoi, à présent que j'étais avec un chanteur ambulant, s'installait-il aussi familièrement à mes côtés? Et je sentis sourdre cette bouillante colère qui me plaît au point que je l'excite moi-même; car elle agit sur moi d'une manière salutaire en me donnant, pour quelques instants au moins, une énergie extraordinaire qui porte à leur paroxysme toutes mes facultés physiques et morales.

Je me levai vivement.

— De quoi riez-vous? criai-je à l'un des laquais.

Je sentais que, malgré moi, mon visage pâlissait et que mes lèvres tremblaient.

— Est-ce que je ris? fit le domestique en se reculant.

— Vous riez de monsieur... Et vous, de quel droit vous asseyez-vous à côté des clients? Levez-vous!

Le portier grommela quelques paroles, se leva et alla près de la porte.

— De quel droit riez-vous de monsieur? Pourquoi, vous, laquais, vous asseyez-vous près de lui, client? Pourquoi ne vous êtes-vous pas moqué de moi, ne vous êtes-vous pas assis près de moi pendant le dîner! Parce qu'il est pauvrement vêtu, qu'il chante dans les rues, tandis que je suis bien habillé... Est-ce pour cela? Il est pauvre, mais il vous vaut mille fois, j'en suis sûr, car il n'offense personne, et vous l'offensez, vous.

— Mais, quoi! je ne dis rien, fit timidement mon ennemi le laquais. Est-ce que je l'empêche de rester là?

Le laquais ne m'avait pas compris, et mon discours en allemand était inutile. Le grossier portier voulut prendre la défense du laquais, mais je l'apostrophai si vivement qu'il se recula en faisant un geste désolé. La servante bossue, voyant mon animation et craignant un scandale, partageant peut-être mon ressentiment, prit mon parti, s'interposa entre moi et le portier, et l'engagea à se taire, en disant que j'avais raison. Elle espérait ainsi rétablir le calme.

— *Der herr hat recht. Sie haben recht!* répétait-elle.

La physionomie du chanteur témoignait clairement de sa torture intérieure. Il ne comprenait rien à ma colère et me suppliait de le laisser partir au plus tôt. Mais un besoin de verbiage méchant m'excitait de plus en plus. Une foule de choses me revenait en même temps à l'esprit. Les gens qui avaient raillé le petit homme et les auditeurs qui ne lui avaient rien donné... Pour rien au monde, je n'eusse voulu m'apaiser. Et certainement, si le portier et les kellners n'avaient jugé prudent de prendre une attitude conciliante, je me fusse battu avec délices ou j'eusse donné avec joie quelques bons coups de bâton sur la tête d'une jeune miss sans défense. Si, en cet état, je m'étais trouvé à Sébastopol, je me fusse jeté avec furie dans la tranchée anglaise pour sabrer et pour tuer tout ce qui me serait tombé sous la main.

— Et pourquoi nous avez-vous conduits, monsieur et moi, dans cette salle et non dans une autre, hé? demandais-je au portier, en le saisissant par le bras pour l'empêcher de s'échapper. De quel droit décidez-vous que monsieur doit être ici et non dans une autre salle? Est-ce que tous ceux qui payent ne sont pas égaux à l'hôtel, non-seulement dans une République, mais dans le monde entier?... Elle est dégoûtante, votre République!... La voilà, l'égalité!... Vous n'oseriez pas conduire un Anglais ici, un de ces mêmes Auglais qui ont écouté monsieur pour rien, c'est-à-dire qui lui ont volé les quelques centimes que chacun d'eux aurait dû lui donner... Comment osez-vous montrer cette salle !

— L'autre salle est fermée, répondit le portier.

— Non ! m'écriai-je. Ce n'est pas vrai. Elle n'est pas fermée.

— Vous êtes mieux renseigné que moi, alors.

— Je sais, je sais que vous mentez.

Le portier se détourna.

— Eh ! que dire ? grogna-t-il.

— Non, non pas : Que dire ? Conduisez-moi tout de suite dans ce salon.

Malgré les prières de la bossue et les supplications du petit chanteur qui insistait pour que chacun retournât chez soi, je fis venir l'oberkellener [1] et je passai avec mon compagnon dans la grande salle. L'oberkellener voyant mon excitation, n'avait

1. Maître d'hôtel.

pas voulu discuter et m'avait dit avec une politesse méprisante que je pouvais aller où je voudrais. Il me fut impossible de prouver au portier qu'il m'avait menti, car il avait disparu dès que j'étais entré dans la grande salle.

La grande salle était en effet ouverte et éclairée. A une table, un Anglais soupait en compagnie d'une dame. Bien qu'on m'eût désigné une table à part, j'allai m'installer à côté d'eux avec le chanteur crasseux et j'ordonnai qu'on apportât la bouteille entamée.

Les Anglais regardèrent d'abord avec étonnement, puis avec colère le petit homme, qui se tenait à côté de moi, plus mort que vif. Ils se dirent quelques mots, la dame repoussa son assiette, tapota sa robe pour la défriper et tous deux se levèrent et sortirent de la salle. A travers la porte vitrée, je vis l'Anglais qui parlait avec animation au kellener, en étendant la main dans notre direction. Le kellener passa la tête par la porte entrebâillée et regarda. J'attendais avec joie qu'il vint pour nous faire sortir, afin de pouvoir épancher toute mon indignation. Mais, malheureusement, on nous laissa tranquilles.

Le chanteur qui, tout à l'heure, refusait de boire, avait hâte à présent de finir la bouteille afin de s'en aller au plus tôt. Cependant, il me semble qu'il me remercia d'un ton pénétré. Tandis qu'il prononçait une phrase embrouillée et sans aucun sens, ses yeux brillaient étrangement. Malgré son incorrection, cette phrase me fut très agréable. Il me disait en substance que les artistes seraient heureux si tout le monde les estimait comme moi et il me souhaitait du bonheur.

Nous sortîmes ensemble. En passant par

le vestibule, nous rencontrâmes les laquais et le portier qui semblaient ressasser ensemble leurs griefs à mon endroit. On eût dit qu'ils me regardaient comme un fou. Quand le petit homme passa devant eux, j'ôtai mon chapeau, et, avec toute la grâce dont j'étais susceptible, je serrai sa pauvre main aux doigts ossifiés. Les laquais firent semblant de ne rien voir, sauf un seul qui laissa échapper un rire moqueur.

Quand le chanteur eut disparu, après m'avoir souhaité le bonsoir, je voulus chasser par le sommeil la sotte et enfantine indignation qui m'avait si soudainement envahi. Mais, je me sentais trop bouleversé pour m'endormir tout de suite; je sortis, afin de me calmer à l'air de la nuit, et, l'avouerai-je? avec l'espoir vague de trouver laquais, portier ou Anglais et de leur démontrer leur injustice.

« La voilà, l'étrange destinée de la poésie, pensais-je, en me calmant peu à peu, tous l'aiment, tous la recherchent. Mais on la recherche sans en connaître la puissance, sans apprécier ses dons précieux, sans remercier ceux qui les possèdent et en font jouir les autres.

« Qu'on demande à n'importe quel hôte du Schweitzerhof : « Quel est le bien le plus précieux ? » et tous, ou du moins quatre-vingt-dix-neuf sur cent prendront une expression railleuse et répondront que le bien le plus précieux est l'argent. « Peut-être, cette pensée ne vous plaît-elle pas, ajouteront-ils, mais qu'y faire ! la vie est ainsi : c'est l'argent qui procure le bonheur. » Quel petit esprit! quel bonheur précaire ! Est-ce donc là ce que tu désires, malheureuse créature, et ne sais-tu donc ce qu'il te faut !... Pourquoi avez-vous tout abandonné, patrie, parents, occupations, affaires, et vous êtes-vous réunis dans cette petite ville de Suisse ? Pourquoi êtes-vous allés tous ce soir écouter la chanson du petit mendiant dans un respectueux silence ? S'il lui avait plu de continuer, vous seriez encore au balcon. Pour de l'argent, pour des millions, vous chasserait-on de votre patrie et vous laisseriez-vous réunir de force ici, à Lucerne, dans ce petit coin ? Pourrait-on vous payer pour vous contraindre à vous réunir sur ce balcon et à y demeurer silencieux et immobiles ? Non. Une seule chose vous force à agir et vous y forcera éternellement avec plus de puissance que tout autre moteur : c'est le besoin de poésie, dont vous n'avez pas conscience, mais que vous éprouvez et que vous éprouverez toujours tant qu'il restera en vous quelque chose d'humain.

« Ce mot de poésie vous fait rire, vous

l'appliquez comme une sorte de reproche railleur; vous n'admettez l'amour de la poésie que chez les enfants et les sottes demoiselles, tout en vous moquant de leur faiblesse. Pour vous, le positif suffit. Mais, ce sont précisément les enfants qui jugent sainement la vie; ils aiment et savent ce que doit aimer l'homme pour connaître le bonheur. Tandis que vous que la vie a désorientés, vous raillez ce que vous aimez et vous recherchez ce que vous haïssez: d'où votre malheur. Vous n'avez pas même compris votre devoir envers ce pauvre Tyrolien à qui vous avez dû une joie pure... et vous considérez comme nécessaire de vous humilier gratuitement devant un milord et de lui sacrifier, sans savoir pourquoi, votre tranquillité et vos aises. »

Mais, ce qui m'a frappé le plus ce soir, ce n'est pas cette ignorance de ce qui procure le bonheur. Cette inconscience des joies poétiques, je la comprends presque, obligé que j'ai été de m'y accoutumer en la rencontrant souvent dans la vie. La cruauté grossière et inconsciente de la foule n'est pas non plus chose nouvelle pour moi. Quoi qu'en disent les apologistes du « bon sens populaire », la foule est une réunion de braves gens liés seulement entre eux par les côtés bas et répugnants qui trahissent la faiblesse et la cruauté de la nature humaine. Mais, comment, vous, enfants d'une nation libre et policée, vous chrétiens, vous hommes tout simplement, avez-vous pu répondre par des railleries au malheureux qui venait de vous procurer une jouissance et qui, de plus, implorait votre secours !

Il est vrai que, dans votre patrie, il y a des asiles pour les mendiants. Il n'y a pas de mendiants; il ne doit pas y en avoir. Il ne doit pas y avoir de pitié sur laquelle puisse s'appuyer la mendicité. Mais il a travaillé, il vous a réjoui, il vous a supplié de lui abandonner un peu de votre superflu et vous vous êtes approprié le fruit de son travail. Et, souriant froidement, vous l'avez examiné comme une curiosité.

Vous étiez là une centaine d'hommes riches et heureux... Et pas un d'entre vous ne lui a jeté une obole ! Il s'est éloigné plein de honte et la foule stupide l'a suivi en riant. Elle ne s'en prenait pas à vous, mais à lui, parce que vous êtes froids, cruels et déloyaux ! Vous lui avait volé votre joie... Et, pour cette raison, on s'est moqué de lui !...

. Le 7 juillet 1857, à Lucerne, devant l'hôtel appelé le Schweitzerhof, un pauvre musicien ambulant a joué de la guitare et chanté pendant une demi-heure. Près de cent personnes l'écoutaient. A trois reprises, il a supplié ces personnes de lui donner

quelque chose. Pas une seule ne lui a donné et beaucoup se sont moquées de lui.

Ce n'est pas une fiction, c'est une histoire vraie dont on peut vérifier l'exactitude auprès des habitants sédentaires du Schweitzerhof; en feuilletant les journaux locaux, on saura les noms des voyageurs qui, à cette date, se trouvaient en cet hôtel.

C'est là un événement que les historiens de notre temps devraient écrire en caractères flamboyants, ineffaçables, un événement plus important, plus sérieux, au sens infiniment plus profond que ceux que l'on relate dans les journaux et dans les livres d'histoire.

Que les Anglais aient tué un millier de Chinois, parce que ces derniers ne veulent point payer en argent, afin de garder la monnaie sonnante dans leur pays; que les Français aient tué un millier de Kabyles parce qu'autrefois l'Afrique fournissait le blé au monde connu et que la guerre en permanence est utile pour exercer les soldats ; que l'ambassadeur turc à Naples ne puisse être de nationalité juive; que l'empereur Napoléon se soit promené à Plombières et qu'il ait persuadé à ses sujets qu'il ne règne que par la volonté du peuple, tout cela n'a pour effet que de cacher ou de dévoiler des choses connues depuis longtemps.

Mais l'événement qui s'est passé à Lucerne, le 7 juillet, me semble aussi nouveau qu'étrange, et ne se rapporte pas seulement aux éternels côtés inférieurs de la nature humaine, mais à une certaine phase du développement de la société. C'est là un fait qui ne rentre pas dans l'histoire des actions humaines, mais dans celle du progrès de la civilisation.

Pourquoi ce fait inhumain, impossible à

imaginer dans un village d'Allemagne, de France et d'Italie, a-t-il pu se produire ici où la civilisation, la liberté et l'égalité sont poussées au plus haut point ; ici où les plus civilisés des nations les plus civilisées se trouvent réunis ?

Pourquoi ces hommes cultivés et humains, capables en général de toute action honnête, n'ont-ils pas eu le sentiment de leur mauvaise action ? Pourquoi ces hommes qui, dans leurs somptueuses demeures, dans leurs meetings, dans leurs nombreuses sociétés, témoignent d'un souci réel du sort des Chinois célibataires aux Indes ou de l'extension du christianisme et de l'instruction en Afrique, fondent sans cesse des sociétés nouvelles pour détruire tous les vices humains, n'ont-ils pas senti s'éveiller dans leur âme un sentiment humain ? L'ont-ils, à ce point, remplacé, ce sentiment, par la vanité et la cupidité, que, jamais, elles ne les quittent dans leurs somptueuses demeures, leurs meetings et leurs sociétés ? Est-ce que vraiment les progrès de cette association égoïste et sage, qu'on appelle la civilisation, doivent faire disparaître tout sentiment de solidarité et se trouver en contradiction avec une société basée sur l'amour d'autrui ! Est-ce bien là cette égalité pour laquelle on a versé tant de sang innocent et commis tant de crimes ! Le peuple, comme les enfants, doit-il donc se contenter seulement du son des mots !

L'égalité devant la loi ! Est-ce que la vie des hommes se passe dans la sphère d'action de la loi ! Une millième partie, peut-être ; le reste agit en dehors, c'est-à-dire dans la sphère des mœurs. Dans la société, un laquais est mieux vêtu qu'un chanteur, qu'il peut offenser impunément. Moi je suis mieux vêtu qu'un laquais et je puis l'offenser impunément. Le portier me considère comme son supérieur et traite le chanteur en inférieur. Je me suis fait le compagnon du chanteur et le portier s'est considéré comme mon égal, et il est devenu grossier. Je suis devenu insolent et il a reconnu son infériorité. Les laquais étaient insolents avec le chanteur, celui-ci s'est considéré comme leur inférieur. Est-ce donc là cet état que les hommes positifs qualifient de libéral ?... Un état où l'on peut mettre en prison des citoyens qui, sans nuire à personne, sans mettre empêchement à rien, font ce qu'ils peuvent pour ne pas mourir de faim !

Quelle triste créature que l'homme, avec sa manie de définitions positives ! Il est jeté dans un océan sans limites, éternellement ballotté entre le bien et le mal, à travers le jugement des faits, les raisonnements et les contradictions.

Les hommes s'occupent pendant des siècles à ranger le bien d'un côté et le mal de l'autre. Et, depuis des siècles, quoi que l'esprit impartial jette dans la balance du bien et du mal, son fléau demeure immobile et chaque plateau contient autant de mal que de bien.

Si encore l'homme avait appris à ne point porter de jugements définitifs, au lieu de s'obstiner à ne pas laisser sans réponse les questions qui se posent à lui uniquement pour qu'elles restent éternellement à l'état de questions! S'il avait seulement compris que toute pensée est à la fois exacte et mensongère; mensongère parce qu'elle est limitée par l'impossibilité où nous sommes d'embrasser toute la vérité, exacte parce qu'elle exprime une des faces du concept humain!

On fait des classifications dans ce chaos éternellement mouvant du bien et du mal entremêlés, on trace des limites imaginaires sur cet océan sans limites et l'on attend que cette mer se divise comme s'il n'y avait pas des millions d'autres classifications à d'autres points de vue et sur d'autres surfaces. Il est vrai que ces classifications sont élaborées par les siècles, mais que de siècles ont passé et combien passeront encore! La civilisation est un bien, la barbarie est un mal... la liberté est un bien, la captivité est un mal... Et voilà le savoir imaginaire qui fait disparaître le sentiment humain du cœur de l'homme, sentiment inné et instinctif cependant.

Qui me définira la liberté, le despotisme, la civilisation, la barbarie? Quelles en sont les limites? Qui possède cette juste mesure du bien et du mal, qui permet de se reconnaître dans la multitude enchevêtrée des faits passagers? Qui donc a l'esprit assez vaste pour pouvoir, dans le passé immobile, embrasser les faits et les peser? Qui donc a vu un état où le bien et le mal ne soient pas mélangés? Comment puis-je dire que j'aperçois l'un plutôt que l'autre, sinon à cause de l'endroit où je me trouve placé? Qui peut se détacher par l'esprit assez complètement de la vie pour la regarder de haut avec indépendance : un guide, un seul guide infaillible existe. C'est l'esprit universel qui nous anime tous, chacun isolément, en mettant en nous la tendance au but que nous devons poursuivre.

C'est le même esprit qui ordonne à l'arbre de pousser vers le soleil, aux fleurs de jeter leur semence à l'automne, à nous de nous rapprocher inconsciemment les uns des autres! Et cet esprit infaillible domine le mouvement précipité et bruyant de la civilisation.

Quel est, en réalité, le plus humain ou le plus barbare? Est-ce ce milord qui, en apercevant l'habit déchiré du chanteur, s'est levé de table indigné, ce milord qui n'a pas su lui donner pour sa peine la millionième partie de son avoir et qui, pour fuir un contact indigne de lui, s'est réfugié dans une chambre fort confortable afin d'apprécier avec calme les affaires de Chine et de trouver juste les assassinats qui s'y commettent? Ou est-ce ce petit chanteur qui, risquant la prison, s'en va depuis vingt ans, par monts et par vaux, sans nuire à personne, et consolant les hommes par ses chansons; ce petit chanteur qu'on a aujourd'hui même presque chassé et qui, fatigué, affamé, honteux, s'en est allé s'étendre quelque part sur un tas de paille pourrie?

« Non, me dis-je involontairement, tu n'as pas le droit d'avoir pitié de lui et de t'indigner contre le bien-être des milords. As-tu mesuré la quantité de bonheur qui se cache au fond du cœur de ces deux hommes? Lui, le petit chanteur, il est peut-être assis quelque part, sur le seuil d'une maison, regardant le ciel éclairé par la lune et chantant joyeusement dans la nuit calme et parfumée. Son cœur ne contient ni reproche, ni indignation, ni colère. Qui sait, au contraire, ce qui se passe en ce moment dans l'âme des hommes riches et puissants qui sont là derrière ce mur! Qui sait s'ils ont l'insouciance heureuse et les joies naïves du petit homme ?

« Infinies sont la sagesse et la bonté de celui qui permit et permet à ces contradictions de se produire. Ver méprisable, qui essaye audacieusement de pénétrer ses lois, ses intentions, tu crois à des contradictions... Lui, regarde avec bonté son œuvre infinie et se réjouit de cette harmonie suprême dans laquelle nous nous mouvons en apparence contradictoirement. Dans ton orgueil, tu as cru pouvoir pénétrer ces lois et t'en affranchir. Non, toi aussi, par ton indignation banale et mesquine contre l'insolence des laquais, tu as répondu au besoin d'harmonie éternelle et infinie. »

TROISIÈME PARTIE

LA FIN

(Notes d'un marqueur de billard)

La chose arriva vers trois heures. Des messieurs jouaient. Le grand client (comme nous l'appelions entre nous) était présent; également le prince qui, d'ailleurs, ne le quittait pas, et le barine aux fines moustaches, et le petit hussard, et Olivert, et l'ancien acteur encore. Le Pan, lui aussi, était là, Bref, il y avait beaucoup de monde.

Le grand client jouait avec le prince. La craie à la main, je me promenais autour du billard, en comptant les coups : Dix et quarante-huit, douze et quarante-huit... On sait quel travail est le nôtre. On n'a pas eu le temps d'avaler un morceau, on n'a pas dormi de deux nuits... N'importe ! Il faut crier les points et sans cesse retirer les billes de la blouse. Et compte, et regarde,... Un nouveau barine entre, jette partout un coup d'œil, s'assied sur le divan. Bon.

Qui peut-il être ? Et quelle est sa situation ? me dis-je, à moi-même.

Il est vêtu élégamment, si élégamment, qu'il semble sortir de chez son tailleur : pantalon à larges carreaux, veston court à la mode, gilet de peluche, chaîne de montre en or, avec nombreuses breloques.

Il est vêtu élégamment et sa personne est encore plus élégante que ses habits. Il est mince, de haute taille, il a les cheveux frisés sur le devant, à la dernière mode ; son visage est blanc et rose. En un mot, c'est un gentil garçon.

On pense bien que, dans notre métier, nous en voyons du monde, les personnes les plus en vue, comme les plus petites gens ! De sorte que, quoique marqueur, facilement on sait à qui l'on a affaire.

J'examine ce barine. Je le vois assis tranquillement ; il ne connaît personne et ses habits sont tout neufs. Je pense : « Ou c'est un étranger, quelque Anglais, ou c'est un comte nouvellement arrivé à Saint-Pétersbourg. Tout jeune qu'il est, il représente bien. Olivert, qui était à côté de lui, s'est écarté pour lui faire place.

La partie est terminée. Le grand a perdu. Il me crie :

— Hé ! toi, tu ne dis pas la vérité. Tu comptes mal. Tu es distrait ; tu n'es pas à ton affaire.

Il grogne et s'en va. Voyez-vous cela !
Certains soirs, il perd cinquante roubles
à chaque partie avec le prince, et, pour
une bouteille de Mâcon..., le voilà hors de
lui ! Quel caractère !

Il lui arrive de jouer avec le prince jusqu'à deux heures du matin, sans me laisser
un sou dans la blouse et je sais qu'ils n'ont
d'argent ni l'un ni l'autre. Je sais qu'ils ne
jouent que pour la frime.

— Ça va t-il ? dit-il. Doublons jusqu'à
vingt-cinq ?

— Doublons, soit !

— Tâche de bailler ou de ne pas mettre
la bille à sa place.

On n'est pas une machine de bois. Ah !
si on les écoutait !

— On ne joue pas des morceaux de bois,
mais de l'argent.

Celui-là m'en veut plus que tous les autres.

C'est bon ! Voilà que le prince a dit au nouveau barine, après le départ du grand :

— Voulez-vous que nous fassions une partie ?

— Avec plaisir, répond-il.

Il est assis dans une pose prétentieuse et regarde d'une manière... oh ! là ! là ! C'est un hardi gaillard. Mais, quand il s'est levé pour s'approcher du billard, il a paru intimidé. Intimidé ou non, on voit qu'il n'est pas à son aise. Peut-être que ses habits neufs le gênent ! Ou bien les gens qui le regardent l'embarrassent. Il n'a plus le même aplomb, il marche gauchement, il accroche en passant ses poches à la blouse et il laisse tomber le morceau de craie avec lequel il frotte sa queue. Ce n'est pas comme le prince ! il est fait au jeu, celui-là ! Il frotte ses mains avec la craie, retrousse ses manches et, quand il pousse les billes, les blouses craquent, bien qu'il soit petit.

On a joué deux ou trois parties, je ne me rappelle plus au juste. Le prince ensuite pose la queue et dit :

— Voulez-vous me dire votre nom ?

— Nekhlioudov, répondit-il.

— Votre père a commandé dans la garde ?

— Oui.

Puis, il se sont mis à causer en français ; alors, je n'ai plus rien compris. Ils se sont probablement rappelé leurs parents.

— A revoir, dit le prince. — Enchanté d'avoir fait votre connaissance.

Il se lava les mains et s'en alla dîner.

L'autre, resté avec les domestiques, poussait les billes.

Notre habitude, ça se comprend, avec les nouveaux venus, est d'être grossiers. Plus on l'est, mieux ça vaut. Je pris les billes et les rassemblai.

Il rougit et me dit :

— On peut encore jouer ?

— Certainement, lui dis-je. Le billard est là pour ça.

Et, sans le regarder, je range les queues.

— Veux-tu faire une partie avec moi?

— Certainement, Monsieur, lui dis-je.

On remit les billes en place.

— Voulez-vous jouer à passer dessous ?

— Que signifie cela, passer dessous ? me demanda-t-il.

— Voilà, lui dis-je. — Vous me devrez cinquante kopeks si vous perdez, et si je perds, moi, je passerai à quatre pattes sous le billard.

N'ayant jamais vu cela, la chose lui parut étrange. Il se mit à rire.

— Allons! dit-il.

— Bon! Combien me donnez-vous d'avance ?

— Mais... tu joues donc moins bien que moi ?

— Certainement! lui dis-je. — Il n'y a pas ici un joueur plus fort que vous.

On joua. Il se croit, en effet, maître en la chose. Il frappe à tout casser et le Pan, qui regarde, répète à chaque instant :

— Voilà une bille!.. Voilà un coup !...

A vrai dire, il fit un très beau coup, mais nullement calculé. On le comprend, je perdis la première partie. Je passai donc, non sans effort, sous le billard. Alors Olivert et Pan se lèvent de leur place et frappent le parquet avec les queues.

— Superbe! font-ils. Encore! encore!

Ils crient : encore ! Comme cela leur va, à Pan surtout, qui, pour cinquante kopeks, s'offrirait à passer non seulement sous le billard, mais sous le pont bleu. Et, plus fort, il crie :

— Superbe! Il n'a pas encore essuyé toute la poussière.

Petrouchka, le marqueur, est, je crois, connu de tou' le monde. Tiourik et Petrouchka sont, d'ailleurs, les seuls véritables marqueurs. Seulement, ça se comprend, je n'avais pas montré ma force.

Je perdis encore la seconde partie.

— Il m'est impossible de jouer avec vous, dis-je.

Il rit. Puis, quand j'eus gagné trois autres parties, je posai la queue sur le billard et je dis.

— Voulez-vous, barine, maintenant jouer la belle ?

— Imbécile, est-ce que je joue pour gagner de l'argent ?

Il rougit en disant cela.

Bon ! il a encore perdu cette partie.

— Assez ! fait-il.

Il tire de sa poche un portefeuille tout neuf, acheté dans un magasin anglais, et l'ouvre. Je vois bien qu'il veut éblouir les yeux. Il n'y a que des billets de cent roubles dans ce portefeuille.

— Non, dit-il, je n'ai pas de petite monnaie là-dedans.

Il prend trois roubles dans sa bourse.

— Voilà les trois roubles, et... le reste est pour l'absinthe.

Je remercie humblement ce bon barine. Pour un homme comme lui, on peut bien marcher à quatre pattes. Je ne regrette qu'une chose, c'est qu'il ne veuille pas jouer d'argent. Et je pense : « On pourrait facilement d'un seul coup lui soutirer vingt roubles, si ce n'est quarante. »

Le Pan a vu l'argent du jeune barine. Il lui dit aussitôt :

— Voulez-vous faire une petite partie avec moi ? Vous jouez si bien...

Un renard, quoi!

— Non, répondit-il, excusez-moi, je n'ai pas le temps.

Et il s'en va.

Je ne sais qui peut être ce Pan. Quelqu'un l'a appelé *pan* [1], et il s'en est allé comme cela.

Il lui arrive de passer des journées entières dans la salle de billard à regarder le jeu. On ne l'accepte dans aucune partie. Mais il vient quand même, il apporte sa pipe et fume. Ah ! oui, c'est un joueur, celui-là !

Bon. Nekhlioudov est revenu une seconde fois, puis une troisième. Il vient souvent à présent. Et, le matin et le soir, il lui arrive de venir. Il a appris à jouer aux trois billes,

1. Monsieur, en polonais.

à la guerre, à la pyramide. Il a tout appris. Il a acquis de l'aplomb, il connaît tout le monde, il joue beaucoup. Ça se comprend, un jeune homme de famille qui a de l'argent..., tous l'estiment.

Une fois, pourtant, il se disputa avec le grand client.

Une bêtise !

On jouait à la guerre. Il y avait là le prince, le grand client, Tukli, Olivert et un autre encore. Nekhlioudov se tenait au coin du poêle et causait avec quelqu'un. C'était au tour du grand client. Justement, sa bille s'arrêta en face du poêle. Dans cet endroit, on est à l'étroit et le grand client aime à avoir ses coudées franches.

N'avait-il pas vu Nekhlioudov ou le fit-il exprès? Il recula le bras d'un grand geste et frappa fortement — for-te-ment — le jeune homme à la poitrine. Il laissa même échapper un : oh! le pauvre! Eh bien, non-seulement il ne s'excusa pas, l'insolent, mais encore il s'en alla sans le regarder, en murmurant entre ses dents :

— Pourquoi s'est-il fourré là? J'ai manqué la bille. N'y a-t-il donc pas d'autre place?

L'autre, très pâle, s'approcha de lui et, d'un ton très aimable, comme s'il ne se fût rien passé :

— Vous devriez d'abord vous excuser, Monsieur. Vous m'avez poussé, dit-il.

— Je n'ai pas le temps de m'excuser. Mais, ajouta-t-il, je devais gagner, et voilà qu'un autre va faire ma bille.

L'autre reprit.

— Vous me devez des excuses.

— Allez-vous en, fit-il, vous m'ennuyez. Et il regarda sa bille.

Nekhlioudow se rapprocha et lui prit la main.

— Vous êtes un insolent, Monsieur !

Peu importait qu'il fût mince, jeune et rose comme une fille. Quel hardi gaillard ! Ses petits yeux brillaient. On eût dit qu'il allait dévorer l'autre, un homme grand et fort, impossible à comparer avec Nekhlioudov.

— Comment ! dit-il. Je suis un insolent !

Et ce disant, il leva la main. On accourut, on les saisit tous les deux et on les sépara. Un mot en amenant un autre, Nekhlioudov dit :

— Il me doit une réparation. Il m'a offensé.

— Je ne dois aucune réparation. C'est un gamin et rien de plus. Je lui tirerai les oreilles.

— Oui, dit-il. Vous me devez une réparation. Vous n'êtes pas un honnête homme.

Il s'en fallait de peu qu'il ne pleurât.

— Et toi, répondit l'autre, — tu n'es qu'un gamin. Ce que tu dis ne peut m'offenser.

Enfin, on les sépara en les mettant, comme c'est l'usage, dans deux salles éloignées. Nekhlioudov était devenu l'ami du prince.

— Va, lui dit-il. — Pardieu! fais lui donc entendre raison.

Le prince y alla et le grand client lui dit :

— Moi, je ne crains rien. Je ne veux pas m'expliquer avec un gamin. Je ne veux pas, et voilà tout.

Eh bien, on parla, on parla... Et puis, on se tut. Seulement, le grand client cessa de venir chez nous. Quel coq, ce Nekhlioudov! Il était plein de courage..... Quant au reste, il n'y connaissait rien. Je me rappelle qu'une fois le prince lui demanda :

— Qui as-tu ici?

— Personne.

— Comment, personne?

— Et pourquoi ?

— Comment, pourquoi ?

— Moi, j'ai bien vécu comme cela jusqu'à présent. Pourquoi ne le pourrait-on pas?

— Comment, tu as vécu comme cela? Pas possible.

Et il éclata de rire. Et le barine aux moustaches aussi. En un mot, on se moquait de lui.

— Alors, jamais? firent-ils.

— Jamais.

— Viens, dit le prince, tout de suite.

— Non, jamais de ma vie.

— Allons, pas de bêtises. C'est ridicule! Allons!

Ils sortirent.

On revint vers une heure et l'on soupa. Il y avait là beaucoup de messieurs très distingués : Atanov, le prince Razine, le comte

Schustach, Mirtsov. Tous félicitaient Nekhlioudov en riant. On m'appela et je vis qu'on était très gai.

— Félicite le barine, me dit-on.

— De quoi? fis-je.

— Comment! Ont-ils dit. Et ils ont parlé de *consécration*, d'*instruction*, je ne me rappelle pas au juste.

— J'ai l'honneur, dis-je, de vous féliciter.

Il était très rouge et ne faisait que sourire. Qu'on a ri! qu'on a ri!

Bon. Après le souper, on vient à la salle de billard. Ils sont tous gais. Lui s'approche du billard, s'accoude et dit.

— Vous, ça vous amuse. Moi, ça m'attriste. Pourquoi l'ai-je fait? Je ne te le pardonnerai pas, prince, ni ne me le pardonnerai de ma vie.

Et voilà qu'il se met à pleurer. Certes, il

ne sait ce qu'il dit. Le prince s'approche de lui et lui dit en souriant.

— Allons, assez de bêtises. Rentrons, Anatoly.

— Je n'irai nulle part... Pourquoi l'ai-je fait!

Et il pleure. Il ne veut pas quitter le billard et voilà tout. Ce que c'est qu'un jeune homme sans expérience!

C'est ainsi qu'il venait assez souvent.

Il arriva un jour avec le prince et le monsieur aux moustaches qui accompagnait toujours ce dernier. Ces messieurs l'appelaient Fedotka. Il était laid et avait les pommettes saillantes; pourtant il venait souvent et se promenait en calèche. Pourquoi ces messieurs l'aimaient-ils? Je ne le sais vraiment pas. Fedotka par ci, Fedotka par là, et on le nourrissait, et on l'abreuvait, et on payait pour lui. Quel malin! Quand il perdait, il ne payait pas. Gagnait-il ? il empochait. Il était tout de même assez brutalisé parfois... Pourtant, il llait toujours bras-dessus bras-dessous avec le prince.

— Toi, lui disait-il, tu serais perdu sans moi.

Il était plaisant. Enfin, c'est bien. Ils arrivent et ils disent :

— Nous allons jouer à la guerre à trois.
— Allons.

On joue à trois roubles la partie. Nekhlioudov cause de choses et d'autres avec le prince.

— Hein ! dit le prince, quel petit pied elle a ! Mais son pied n'est rien. Quelles nattes !

Il va sans dire qu'ils ne regardent pas le jeu et causent toujours entre eux. Fédotka en profite pour arranger ses affaires. Voilà qu'il a déjà gagné six roubles à chacun d'eux.

Dieu sait quels comptes il a avec le

prince, ils ne comptent jamais ensemble. Nekhlioudov prend deux billets verts [1] et les tend à Fedotka.

— Non, dit-il, je ne veux pas de ton argent. Jouons à quitte ou double.

Je replace les billes. Fedotka se marque les points que lui rend Nekhlioudov. Celui-ci joue avec insouciance. Pourtant, il gagne la partie.

— Non, fait-il. C'est trop facile. Je ne veux pas.

Mais Fedotka n'oublie pas son affaire.

Il va toujours. Il a caché son jeu, et voilà que, tout à coup, comme par hasard, il gagne.

— Donc, encore une. Quitte ou double.

— Allons!

Il gagne de nouveau.

— Nous avons commencé par des bêtises.

1. Billets de trois roubles.

Je ne veux pas toujours gagner. Jouons encore une fois le tout.

— Allons !

Qui que l'on soit, on regrette tout de même cinquante roubles. Mais, maintenant, c'est Nekhlioudov qui dit :

— Jouons le tout.

Et cela va plus loin encore ; il perd déjà deux cent quatre-vingt roubles. Fedotka connaît son affaire. Un coup simple, il le perd ; mais quand on double, il gagne.

Le prince, qui s'était assis, voit que cela commence à devenir sérieux.

— Assez comme cela, dit-il.

Bah ! il double toujours l'enjeu.

Enfin, Nekhlioudov doit déjà plus de cinq cents roubles. Fedotka pose la queue et dit :

— N'est-ce pas assez ! Je suis trop fatigué.

Pourtant, il est capable de jouer jusqu'à l'aube, pourvu qu'il y ait de l'argent. C'est par politique, on comprend bien. Alors, l'autre s'obstine.

— Jouons, jouons, fait-il.

— Non, pardieu ! je suis fatigué.

Puis :

— Allons en haut, reprend-il. Là, tu prendras ta revanche.

En haut, on joue aux cartes.

Et depuis le jour où Fedotka l'a entortillé, il s'est mis à venir tous les jours chez nous. Il joue une partie ou deux, puis il monte. Qu'est-ce qui se passe ! Dieu le sait. Seulement, cet homme est devenu tout autre. Et toujours avec Fedotka. Auparavant, il était toujours vêtu à la mode, propre et frisé. Maintenant, il n'est plus guère présentable que le matin. Et après quelques heures, il ne semble plus le même.

Ainsi, un jour, il descendit avec le prince; il était très pâle et ses lèvres tremblaient.

— Moi, fit-il, je ne le *lui* permettrai pas. Me dire... Comment a-t-*il* dit?.... que je ne suis pas *délicat* et qu'*il* ne veut pas jouer avec moi! Moi qui *lui* ai payé déjà dix mille roubles. *Il* aurait bien pu être plus réservé devant les autres..

— Allons, assez, dit le prince, Fedotka vaut-il qu'on prenne la peine de se fâcher contre lui?

— Non! Je ne laisserai pas passer cela.

— Cesse donc. Peut-on s'abaisser au point d'avoir une histoire avec Fedotka!

— Mais il y avait là des étrangers.

— Qu'est-ce ça fait, les étrangers? Veux-tu que je le force à te demander pardon sur-le-champ?

— Non!

Ils se mirent à baragouiner en français et je n'entendis plus rien. Puis, le soir même, il soupait avec Fedotka, et ils étaient redevenus amis.

Bon. Une autre fois il vient seul.

— Eh bien! me dit-il, est-ce que je joue bien?

Notre affaire, on le comprend, est de toujours dire comme le client.

— Bien.

Et que signifie ce « bien »? Il pousse sa bille sans raison et sans calcul. Depuis qu'il s'est lié avec Fedotka, il joue toujours de l'argent. Auparavant, il ne jouait même pas un repas ou une bouteille de champagne. Quand le prince lui disait, par exemple:

— Allons, une bouteille de champagne.

— Non, répondait-il. J'aime mieux la commander sans la jouer. Hé! une bouteille!

Et maintenant, il ne joue que de l'argent. Il passe tout son temps chez nous, soit au

billard, soit en haut. Alors, j'ai pensé:
« Pourquoi les autres s'enrichiraient-ils, tandis que je resterais comme cela? »

— Pourquoi, Monsieur, n'avez-vous pas joué avec moi depuis longtemps?

Et nous nous sommes mis à jouer.

Lorsque je lui eus gagné une douzaine de demi-roubles, je lui dis:

— Voulez-vous doubler?

Il ne répondit rien. Il était loin du temps où il m'appelait *imbécile!* Et nous nous mîmes à jouer, quitte et quitte, et je lui gagnai ainsi soixante-dix roubles. Eh bien, il s'habitua à jouer tous les jours avec moi. Il attendait qu'il n'y eût personne, car on comprend qu'il aurait été honteux de jouer avec un marqueur. Un jour qu'il s'était emporté et qu'il avait déjà perdu soixante roubles il me dit:

— Veux-tu que nous doublions?

— Allons !

Je gagnai.

— Cent vingt sur cent vingt !

— Allons !

Je gagnai de nouveau.

— Deux cent quarante sur deux cent quarante !

— Est-ce que ce ne sera pas trop ?

Il ne répondit rien. Nous jouâmes. Je gagnai encore cette partie.

— Quatre cent quatre-vingts sur quatre cent quatre-vingts !

Je dis :

— Eh bien, Monsieur, pourquoi vous tourmenter ? Donnez-moi cent roubles et laissons le reste.

Alors, il se mit en colère. Il n'était pourtant pas méchant.

— Joue ou ne joue pas.

Je vis qu'il n'y avait rien à faire.

— Trois cent quatre-vingts, dis-je. Allons !
Vous comprenez, je voulais perdre.

Je lui donnai quarante points d'avance. Il en avait cinquante-deux et moi trente-six. Il chassa la bille jaune vigoureusement et la logea sur le dix-huit. Ma bille était au milieu.

Je la poussai de manière à la faire sauter hors du billard. Je ne réussis pas; elle fit, au contraire, coup double et je gagnai encore cette partie.

— Ecoute, Petr (il ne m'appelait pas Petrouchka en ce moment). Je ne puis te donner d'argent aujourd'hui ; mais dans deux mois, je pourrai te payer même trois mille roubles.

Il était rouge et sa voix tremblait.

— C'est bien, Monsieur.

Et je posai la queue. Il allait et venait dans la salle. La sueur l'inondait.

— Petr, reprit-il. Doublons le tout?

Il pleurait presque.

Je répondis :

— Pourquoi jouer encore, Monsieur ?

— Jouons, je t'en prie.

Et il me tendit la queue. Je la pris et je jetai les billes sur le tapis avec une telle rage qu'elles sautèrent toutes hors du billard et s'en allèrent rouler sur le parquet. Vous comprenez! Il faut bien faire le malin. Je dis :

— *Va*, Monsieur.

Il avait une telle hâte de jouer qu'il ramassa lui-même une bille. Je pensai alors : « Je n'aurai jamais mes sept cents roubles. Essayons de les perdre. » Et, exprès, je jouai mal. Qu'en pensez-vous?

— Pourquoi fais-tu exprès de jouer mal?

Ses mains tremblaient. Quand la bille

courait vers la blouse, il écartait les doigts, plissait les lèvres et, d'un geste, semblait vouloir la pousser en avant. Je lui disais :

— Tu ne l'aideras pas avec cela, Monsieur.

Bon. Il a gagné cette partie.

— Vous me devez cent quatre-vingt roubles, fis-je, et cent cinquante parties. Moi, je vais souper.

Je posai la queue et sortis.

Je m'assis à une petite table, près de la porte, et je regardai ce qu'il faisait. Il alla et vint, à grands pas; puis, ne se croyant pas surveillé, il saisit ses cheveux, les arracha par poignées, marcha de nouveau en murmurant quelque chose et s'arracha de nouveau les cheveux.

Il resta huit jours sans venir chez nous. Puis, il parut dans la salle à manger. Il était morne. Il n'entra pas même dans la salle de billard.

Le prince l'aperçut :

— Allons jouer, dit-il.

— Non, je ne jouerai plus.

— Allons donc.

— Non, fit-il, je n'irai pas. Quel bien cela te fera-t-il que j'y aille? Tandis qu'à moi, cela me fera du mal.

Et il resta, de nouveau, dix jours sans revenir. Puis, pendant les fêtes, il arriva un jour en habit. Il avait probablement fait des visites. Il resta chez nous toute la journée et joua tout le temps. Le lendemain, il revint, et le surlendemain... et ça recommença comme avant. Je voulus jouer avec lui.

— Non, dit-il, je ne jouerai pas avec toi. Quant aux cent quatre-vingts roubles que je te dois, viens dans un mois les prendre chez moi. Tu les auras.

Bon. Au bout d'un mois, j'allai chez lui.

— Parbleu! fit-il. Je n'ai pas d'argent. Reviens jeudi.

Je revins le jeudi. Il occupait un bel appartement.

— Est-il chez-lui? demandai-je.

— Il dort, me répondit-on.

Bon, je vais attendre. Son laquais est un de ses serfs. C'est un vieillard tout gris, très simple et pas politique du tout. Nous causâmes.

« Pourquoi, dit-il, vivons-nous ici? Nous nous y sommes ruinés. Et sans honneur ni profit pour Saint-Pétersbourg! Quand nous avons quitté le village, nous pensions : nous allons vivre là comme auprès du feu barine, que le royaume du ciel soit à lui! Nous ne ferons des visites qu'à des princes, des comtes et des généraux. Nous espérions prendre pour femme quelque belle comtesse, avec une dot, et vivre comme un vrai noble. Et, au lieu de cela, nous courons d'un tratkir [1] à l'autre. Ça va mal! Et, pourtant la princesse Rtichtcheva est notre pauvre tante et le prince Borotintsev est notre parrain. Eh bien, il n'y est allé que le jour de Noël, et, depuis, il ne s'y est plus montré. Déjà, leurs gens se moquent de moi et disent: « Eh quoi! votre barine ressemble donc à son père! » Alors, un jour, je lui dis:

— Eh! Monsieur, pourquoi n'allez-vous pas chez votre tante? Elle s'ennuie de ne point vous voir.

— Je m'ennuie chez elle, Demianitch.

— Et, vois-tu, il ne trouve de joie qu'au

1. Cabaret.

traktir. S'il avait au moins pris du service, mais non... Il s'occupe de cartes et d'autres choses semblables. Et ces affaires-là n'amènent jamais rien de bon... Eh! eh! eh! Nous nous perdrons sans profit. Il nous est échu de la feue barina, que le royaume du ciel soit à elle! une très riche propriété: Plus de mille âmes et pour trois cent mille roubles de forêts! Tout est engagé à présent. Il a vendu sa forêt, ruiné sa propriété, et toujours rien. Quand le maître n'y est pas, on comprend ce que peut le gérant. Pourvu que sa poche soit bien garnie, peu lui importe que tout aille à la diable! Hier, deux moujiks sont venus apporter les plaintes du village.

— Il a ruiné votre propriété, ont-ils dit.

Eh bien, il a lu leur supplique, leur a donné dix roubles et a dit:

— J'irai moi-même, bientôt. Dès que j'aurai reçu de l'argent, je m'acquitterai de ce que je dois ici et je partirai.

« Comment pouvoir nous acquitter, puisque nous faisons toujours des dettes! Quoi qu'il en soit, nous avons dépensé quatre-vingt mille roubles cet hiver, et, à présent, il n'y a pas un rouble dans toute la maison. Et tout cela, par sa bonté. On ne peut dire à quel point il est simple. C'est cela qui le ruine. Il se perd inutilement. »

Le vieillard pleurait presque.

Enfin, il se réveilla vers onze heures et me fit appeler auprès de lui.

— On ne m'a pas apporté d'argent, me dit-il. Ce n'est pas ma faute... Ferme la porte.

Je fermai la porte.

— Voilà, dit-il. Prends cette montre ou cette épingle en diamant et engage-la. On t'en donnera plus de cent quatre-vingts roubles. Je la dégagerai quand je recevrai de l'argent.

— Eh bien, Monsieur, lui dis-je, si vous n'avez pas d'argent, il n'y a rien à faire. Donnez-moi au moins la montre. Je puis vous rendre ce service.

Je voyais bien que la montre valait au moins trois cents roubles.

Bon. J'engageai la montre pour cent roubles et je lui apportai la reconnaissance.

— Il reste encore quatre-vingts roubles, que je dis. Vous daignerez dégager la montre vous-même.

Et, voilà comment il me doit encore quatre-vingts roubles.

Donc, il revenait chaque jour chez nous. Je ne sais quels comptes ils faisaient entre eux, mais il était toujours avec le prince ou avec Fedotka, avec qui il montait jouer aux cartes. Il y avait entre eux trois des comptes étranges. Celui-ci donnait de l'argent à celui-là, qui le donnait à l'autre; et je ne savais lequel d'entre eux était le détenteur ou le prêteur.

Il vint ainsi tous les jours pendant deux ans. Comme il était changé ! Il s'était dégourdi à un tel point qu'il lui arrivait de m'emprunter un rouble pour payer le cocher. Et, avec le prince, il jouait des parties de cent roubles.

Il était devenu triste, maigre et jaune.

Aussitôt arrivé, il demandait un petit verre d'absinthe. Puis, il mangeait un petit gâteau en buvant du *portwein*. Alors il s'égayait un peu.

Un jour, il arriva avant le dîner. C'était pendant le carnaval. Il se mit à jouer avec un certain hussard.

— Voulez-vous intéresser la partie? dit-il.

— Comme vous voudrez. Que jouons-nous?

— Une bouteille de Clos-Vougeot, voulez-vous?

—Soit.

Bon. Le hussard gagna et ils allèrent dîner. Nekhlioudov demanda :

— Simon? une bouteille de Clos-Vougeot. Surtout, chauffe-la bien.

Simon sortit, apporta les plats demandés, mais pas de bouteille.

— Eh bien ! Et le vin?

Simon sortit et revint avec le rôti.

— Donne donc le vin ! fit-il.

Simon ne répondit pas.

— Es-tu fou? Nous allons avoir fini de dîner sans avoir bu encore.

Simon sortit. Puis, il revint.

— Le patron vous demande, dit-il.

Il rougit et se leva vivement de table.

— Que me veut-il?

Le patron se tenait près de la porte.

— Moi?... Eh bien, je ne peux plus vous faire crédit tant que vous n'aurez pas payé votre compte.

— Mais, ne vous ai-je point dit que je vous réglerai le premier du mois prochain.

— Comme vous voudrez. Je ne puis sans cesse vous faire crédit et ne jamais toucher d'argent. J'ai déjà perdu, sans compter cela, plus de dix mille roubles.

— Voyons, mon cher, fit-il. — On peut me faire crédit, à moi. Faites-moi donner cette bouteille, vous aurez votre argent le plus tôt possible.

Il revint à sa place.

— Qu'y a-t-il? Pourquoi vous a-t-on appelé? demanda le hussard.

— On m'a demandé quelque chose.

— Comme ce serait bon, dit le hussard,

de boire à présent un verre de petit vin bien chaud !

— Simon ? Eh bien ?

Mais, Simon court encore... Pas de vin, rien... Ça va mal ! Il se lève de table et vient s'asseoir :

— Pour l'amour de Dieu ! dit-il, Petrouchka, prête-moi six roubles.

Son visage était effrayant de pâleur.

— Non, Monsieur, répondis-je. Pardieu ! vous m'en devez assez comme cela.

— Je te donnerai quarante roubles, au lieu de six, dans huit jours.

— Si j'en avais, je n'oserais pas vous refuser. Ma parole, je n'en ai pas.

Il sortit vivement, les dents et les poings serrés, et se mit à courir à travers le corridor comme un enragé, en se frappant le front.

— Ah ! mon Dieu ! dit-il, que faire ?

Il ne rentra pas dans la salle à manger, sauta dans une voiture et partit.

A-t-on assez ri ! Le hussard disait :

— Où est donc le barine qui dînait avec moi ?

— Il est parti, lui répondit-on.

— Comment, parti ! Et que vous a-t-il chargé de me dire ?

— Il n'a rien dit pour vous. Il a pris une voiture et il est parti.

— Quel farceur ! fit-il.

Eh bien, à présent, pensai-je, après cet affront, il ne reviendra de longtemps. Le lendemain, il était là. Il entra dans la salle de billard, portant une boîte. Il ôta son paletot.

— Jouons, dit-il.

On fit une partie.

— Assez, fit-il ensuite. Apporte-moi une plume et du papier. J'ai une lettre à écrire.

Moi, sans penser à rien, sans rien deviner, j'apportai ce qu'il demandait sur la table du petit salon.

— C'est prêt, Monsieur, dis-je.

Bon. Il s'assit devant la table. Il écrivait, il écrivait en marmottant entre ses dents. Enfin, il se leva. Sa figure était sombre.

— Va voir si ma voiture est arrivée.

Ça se passait le dernier vendredi du carnaval, tous les clients étaient au bal.

Je m'éloignai dans la direction du perron; mais, à peine, étais-je sorti:

— Petrouchka! Petrouchka! appela-t-il d'une voix effrayée.

Je revins et je vis qu'il était blanc comme un linge. Il me regardait.

— Vous m'appelez, Monsieur ?

Un silence.

— Quoi ? lui dis-je. Que désirez-vous ?

Nouveau silence.

— Ah! oui, dit-il enfin. Jouons encore. — Eh bien, ai-je appris à jouer ?

Bon. Il gagna la partie.

— Oui, lui dis-je.

— A la bonne heure! A présent, va voir si ma voiture est là.

Et, à grands pas, il parcourait la salle.

Ne me doutant de rien, je retournai vers le perron. Il n'y avait pas de voiture. Je revins.

Et, m'en revenant, j'entendis un bruit sec... comme si deux billes s'étaient entrechoquées. J'entrai dans la salle de billard et je sentis une odeur étrange.

Alors, je l'aperçus ensanglanté, étendu par terre, un pistolet à côté de lui. Je fus tellement épouvanté que je ne pus prononcer un seul mot.

Il agita les jambes et se raidit ; puis, il râla et s'étira de tout son long.

Pourquoi ce péché ? Pourquoi a-t-il perdu son âme ? Dieu le sait! Il n'a laissé que ce papier... Ah! vraiment, il s'en passe des choses dans ce monde!

―――――

« Dieu m'a donné tout ce que l'homme peut désirer : Richesse, nom, intelligence, nobles aspirations. J'ai voulu vivre dignement et j'ai piétiné dans la boue tout ce qui était bon en moi.

« Je ne suis pas un lâche, je ne suis pas un misérable, je n'ai commis aucun crime... J'ai fait pis : J'ai gâché mon cœur, ma jeunesse, mon intelligence...

« Je suis pris dans un immonde filet dont je ne puis sortir et auquel je ne puis m'habituer non plus. Je tombe, je tombe... je le sens, sans pouvoir m'arrêter.

. . . .

« D'où vient ma perte ? Avais-je quelque forte passion pour excuse ?

« ... Ils sont purs, mes souvenirs.

« Un terrible instant d'erreur que je ne puis oublier, m'a contraint de rentrer en moi-même. J'ai été terrifié quand j'ai vu quel abîme profond me sépare de tout ce que je voulais être, de ce que je pouvais être ! Quelle fatalité m'a éloigné des rêves, des espérances, des aspirations de ma jeunesse !

« Où sont ces pensées sereines sur la vie, sur l'éternité de Dieu, qui emplissaient mon âme de lumière et de force ? Où est cette flamme d'amour immatériel dont la chaleur était si bienfaisante à mon cœur ?

. . . . , . . .

« ... Et comme j'aurais pu être bon et heureux si, en commençant ma vie, j'avais suivi la voie que ma fraîche intelligence d'enfant et mon sentiment seul avait découverte! Plusieurs fois, j'ai tenté de sortir de l'ornière qui longeait cette voie lumineuse. Mais je ne l'ai pu. Quand j'étais seul, je me sentais mal à l'aise, et je me défiais de moi-même. Quand j'étais avec d'autres, je n'entendais plus la voix intérieure. Et je suis tombé plus bas, toujours plus bas...

« Enfin, j'acquis cette conviction désespérante que je ne pourrais plus me relever. Je ne voulus plus y penser, je voulus oublier. Mais, ce repentir sans espoir, m'était encore plus douloureux. C'est alors que la première idée de suicide me vint.

. . . .

« J'avais espéré que l'approche de la mort élèverait mon âme. Je m'étais trompé. Dans un quart d'heure, je ne serai plus, et je n'ai pas changé. — Je vois de la même façon, j'entends de la même façon, je pense de la même façon... Toujours la même et étrange inconséquence, la même absence d'équilibre, la même légèreté de pensée... »

. . . .

FIN.

TABLE DES MATIÈRES

Première Partie. — Projets.................... 1
Deuxième Partie. — A l'étranger 155
Troisième Partie. — La fin............ 225

Poitiers, imprimerie Blais, Roy et Cie, 7, rue Victor-Hugo.

www.ingramcontent.com/pod-product-compliance
Lightning Source LLC
Chambersburg PA
CBHW050318170426
43200CB00009BA/1374